Empático

La guía práctica de supervivencia para empáticos y personas altamente sensibles, con tal de curarse a sí mismos y prosperar en sus vidas, incluso si absorbe constantemente energía negativa y siempre se siente agotado

Jessica Flowers

© Copyright 2019 - Todos los derechos reservados.

El contenido contenido en este libro no puede reproducirse, duplicarse o transmitirse sin el permiso directo por escrito del autor o el editor.

Bajo ninguna circunstancia se responsabilizará ni se responsabilizará legalmente al editor ni al autor de ningún daño, reparación o pérdida monetaria debido a la información contenida en este libro; ya sea directa o indirectamente.

Aviso Legal:

Este libro está protegido por derechos de autor. Este libro es sólo para uso personal. No se puede modificar, distribuir, vender, usar, citar o parafrasear ninguna parte o el contenido de este libro sin el consentimiento del autor o editor.

Aviso de exención de responsabilidad:

Tenga en cuenta que la información contenida en este documento es solo para fines educativos y de entretenimiento. Se han realizado todos los esfuerzos para presentar una información completa, precisa, actualizada y confiable. No se declaran ni implican garantías de ningún tipo. Los lectores reconocen que el autor no participa en la prestación de asesoramiento legal, financiero, médico o profesional.

Contenido

Introducción 1

Capítulo 1 - ¿Qué significa ser empático? 3

Capítulo 2 - Dos lados de la moneda de un empático 23

Capítulo 3 - ¿Eres un empático o simplemente sientes empatía? 31

Capítulo 4 - Los problemas y luchas de los empáticos 36

Capítulo 5: Manténgase empático sin quemarse 46

Capítulo 6 - Relaciones, carrera y transformación mundial 64

Conclusión 68

Referencias 70

Introducción

La empatía es un hermoso regalo. Sin embargo, el mundo a menudo puede ser un lugar frío y duro. La gente juzga, percibe mal, abusa y calumnia. Hay cosas como personajes tóxicos, narcisistas y vampiros de energía, los cuales ven lo dulce e incondicional de un empático al dar regalos y buscan aprovecharse. También hay personajes altamente manipuladores y abusivos, los cuales no tienen problemas para destruir la confianza de un empático o actuar principalmente de manera egoísta, independientemente de cuán desinteresada y sincera sea la empatía. En resumen, ser empático es una experiencia extraordinaria y única en sí misma, siempre que pueda aprender a dominar el viaje y surfear las olas.

Entonces, para entender primero el tema en cuestión, debemos definir nuestra comprensión de la empatía y lo que significa ser empático. La empatía es la capacidad de saber cómo es estar en el lugar de otro. Tener empatía es conocer, percibir, sentir y "sintonizar" emociones, sentimientos, pensamientos e influencias o intenciones sutiles. Más aún, la empatía es el regalo de la compasión combinada con el sentimiento, y usa los sentidos más allá de los cinco sentidos físicos. Un empático lleva esta habilidad a un nivel completamente nuevo. Los empáticos pueden literalmente fusionarse con alguien, hasta el punto de experimentar su mundo o realidad como si fuera suyo. Los pensamientos de la otra persona se convierten en sus pensamientos, sus emociones se convierten en sus emociones, y prácticamente cualquier sensación o impulso interior se siente y experimenta en un nivel real e íntimo. ¡Ahora, puede ser obvio en esta etapa que esto puede ser tanto un regalo como una bendición, o hasta una maldición! La experiencia de ser empático depende de la capacidad de uno para mantenerse fuerte y centrado dentro de límites saludables, protegidos en su verdad, autoalineamiento y aún más a gusto con su propia naturaleza altamente sensible o desprotegido, desalineado y carente de todos los límites.

Si este último es el caso, uno puede volverse tan desorientado al captar los pensamientos, sentimientos e intenciones o impresiones sutiles de todos, que la energía negativa de otras personas ("vibraciones negativas") es todo lo que conocen. Sólo por esta razón, es muy importante tomar conciencia de lo que realmente significa ser empático, para buscar fortalecer, proteger y apreciar los hermosos dones e intenciones que lo acompañan. En pocas palabras, no todos están en la misma onda y aceptar este es el primer paso para tener éxito como un empático o una persona altamente sensible (PAS).

Este libro servirá como una guía práctica sobre cómo aprovechar el don de ser empático y prosperar en este mundo moderno, sin agotarse, así como también lograr la salud, la felicidad y el éxito personal.

Capítulo 1 - ¿Qué significa ser empático?

Definición de empatía

Hemos definido brevemente la empatía en la introducción, pero ser empático es una experiencia compleja, profundamente holística e integrada. Si usted es empático, ¡Y estamos asumiendo que lo es pues usted eligió leer este libro! Entonces usted es sabio, atento, compasivo, perspicaz y perspicaz. Cuida a sus seres queridos y tiene una profunda consideración y respeto por toda la vida en la tierra, incluidos los animales, las especies de plantas y el mundo natural; y por supuesto, los demás seres humanos.

Es importante al investigar cómo puede vivir su mejor vida; y prosperar psicológica, mental, emocional, física y espiritualmente, que primero tenga una comprensión sólida de lo que realmente significa ser empático. Hay diferentes niveles para ser empático, como exploraremos en la siguiente sección; sin embargo, por ahora, analicemos la personalidad empática para que pueda comprenderla de manera integral. Observe cómo la comprensión se ha adaptado al entendimiento interno, ya que esto retrata la naturaleza empática y la personalidad en su mejor momento. Posee habilidades únicas para conectarte con las profundidades internas, así como los reinos y realidades internas a menudo pierden.

Todas las siguientes exploraciones, son aspectos de la personalidad empática en diversos grados. Por ejemplo, usted puede resonar fuertemente con algunos; y con otros, sólo puede ver una pequeña parte de usted encarnando. Como estos capítulos están destinados a ayudarlo a prosperar y sanar en múltiples niveles, es importante explorar estos arquetipos de usted mismo con una mente abierta y una mayor conciencia. Este conocimiento no se enseña en la escuela, ni es ampliamente aceptado, y muchas habilidades únicas que acompañan el estar espiritualmente conscientes, conectados y existir en un estado de ser de mayor frecuencia o vibración, son intuitivamente sentidas y entendidas. Su naturaleza empática se conecta instintivamente con algo más allá del "yo" cotidiano; y a menudo, de la realidad basada en la separación, en la que muchas personas aún residen. Por lo tanto, observar los diversos aspectos de ser empático puede ser un viaje de curación en sí mismo. Está bien si sólo resuenas con unos pocos, no todos los empáticos muestran todas estas cualidades o características. A medida que lea los diferentes aspectos de la personalidad empática, cambie su conciencia de nuevo a los recuerdos o a un recuerdo en el que puede haber estado mostrando algunas de estas habilidades sin ser consciente de lo que estaba ocurriendo en ese momento. En la siguiente sección, hay una descripción de lo que esto significa, seguido de cómo puede haber estado exhibiéndolo y encarnándolo de manera subconsciente o inconscientemente. Estos se conocen como signos de empatía, y están estrechamente vinculados en todo lo explorado en Definir empatía.

El artista, creativo y visionario.

En primer lugar, usted es un artista. Posee la capacidad única de conectarse con algún arquetipo, idea, concepto o imagen universal, también conocido como imágenes o tener visión, y puede sintonizar formas de pensamiento sutiles; y a menudo, ideas ingeniosas a través de este don. Las ideas y la sabiduría o las imágenes arquetípicas profundas a las que otros no pueden acceder, son algo natural para usted, y con el autodesarrollo y las prácticas de curación como la meditación, la terapia de sonido, la curación espiritual y el trabajo energético, puede ampliar este don natural suyo diez veces. En resumen, su capacidad para conectarse con algo "más allá", lo convierte en un artista natural, creativo y visionario, y esto se ve reforzado por sus dones emocionales e intuitivos. ¡Ah!, sí es increíblemente intuitivo, también las habilidades que a menudo se encuentran en los campos psíquicos y clarividentes (¡Más sobre esto más adelante!). Sin embargo, con respecto a su artista interior, este elige expresarse a través de canciones, danzas, arte, pintura, dibujo, poesía, escritura, fotografía, realización de películas, diseño o dirección creativa. Puede lograr grandes cosas. El aspecto visionario de su naturaleza puede conectarse literalmente a un nivel invisible y invisible a algún concepto o arquetipo más allá del reino físico, lo que lo lleva al mundo físico y material. Percibe, ve y siente de una manera diferente a los no empáticos, y esto lo hace muy talentoso en los ámbitos artísticos. Alanis Morissette es uno de los empáticos más conocidos; e incluso, si aún no has oído hablar de ella, su música inspira a muchas personas en todo el mundo.

La forma en que puede sobresalir y prosperar en estas áreas de autoexpresión proviene de sus profundas habilidades emocionales e intuitivas, tal y como se mencionó brevemente. Como empático, está conectado a una frecuencia emocional avanzada y evolucionada, lo que significa que opera y funciona en una frecuencia emocional superior. Usted combina la compasión con un fuerte sentido de amor incondicional y comprensión (esencialmente la empatía), lo que le permite sintonizarse con los planos sutiles y las dimensiones del ser. Todos los pensamientos, emociones, sentimientos y creencias surgen de la energía sutil. Lo mismo ocurre con todas las construcciones mentales, y prácticamente todos los aspectos de la conciencia que crean nuestra individualidad, así como nuestra existencia de pensamiento, sentimiento e interacción o actuación. En otras palabras, nuestras emociones y los pensamientos, surgen de las influencias subconscientes y sutiles, por lo que cada pensamiento, creencia o emoción específica, tiene su propia frecuencia vibratoria única. Ahora, en términos de ser empático, para usted, es como entrar en una habitación y poner instantáneamente su atención en todas las plantas de la habitación o en dos personas involucradas en una conversación profunda; emocionalmente transparente, auténtica o afectiva. Alguien más puede entrar en la habitación y gravitar hacia el tocadiscos para poner rock o metal, o elegir automáticamente sentarse con los jugadores que se sienten atraídos por la realidad de disparar a la gente. Usted, querido empático, existe en una frecuencia especial.

Esto no quiere decir que usted es mejor que nadie; aunque en cierto nivel, lo es, pues tiene una comprensión emocional evolucionada y es capaz de exhibiciones avanzadas, sentimientos genuinos de amor, compasión o simplemente se preocupa por sus semejantes. Además, naturalmente gravita hacia las cosas superiores, su ser superior y su mente superior. (Exploraremos esto en profundidad más adelante.) Pero esta imagen mental tiene la intención de retratar cómo usted piensa, siente y actúa, así como a qué responde inconscientemente. En lugar de elegir actos de guerra, violencia y odio, representados a través del tiroteo y la matanza, elige la interacción humana simbolizada por la profundidad y la autenticidad. En lugar de ir instintivamente hacia la música bastante oscura y el heavy metal, se inclina a mirar hacia las pacíficas, vivificantes y divinamente simplistas plantas en la habitación. Entonces, en términos de que su verdadera naturaleza sea la de un artista, creativo y visionario, con suerte, esta analogía muestra sus dones y capacidades. Sintoniza las frecuencias y los estados vibratorios de estar en armonía con un cierto "ambiente", una realidad de conexión, profundidad emocional y verdadera armonía en los niveles más profundos. También comparte una afinidad natural con la naturaleza y el mundo natural, por lo tanto, una frecuencia orgánica y pura. (¿Qué es más puro que la naturaleza?)

Esto significa que su mente deambula en direcciones únicas, las cuales le permiten conectarse con ideas abstractas, conceptos invisibles y canales arquetípicos profundos, tanto mentales y emocionales, así como sutiles para la creación. Usted piensa de manera abstracta, subconsciente, sutil y enérgica.

El músico, intérprete y narrador

Como el artista, creativo y visionario, usted es músico, intérprete y narrador. En realidad, cualquier cosa que le permita conectarse con su yo y mente autoexpresivos, creativos e imaginativos, saca a relucir su empatía interna. Es profundamente imaginativo y autoexpresado. Prospera en las artes o en cualquier carrera o trayectoria profesional (o pasatiempo o recreación), lo que lo abre a nuevos niveles de pensamiento imaginativo y expresión lúdica, además tiene una rara confianza que muchos no habrían asumido originalmente. Esto se debe a su naturaleza no invasiva, receptiva; y a menudo, pasiva. Incluso puede parecer tímido, reservado o deprimido a veces, porque es muy sacrificado y elegante en sus gestos, intenciones y expresiones. Pero esto es lo que hace que la gente lo ame, y también lo que lo hace brillar en las artes y los mundos musicales, creativos o de actuación. Otros a menudo, lo perciben como introvertido, y muchos empáticos ciertamente pueden sentirse atraídos por tendencias introvertidas, pero no son mutuamente excluyentes. Ser empático es una experiencia muy extrovertida y social, y esto se debe a que usted prospera de las conexiones sociales y los lazos comunitarios o familiares. En pocas palabras, tiene una inclinación introspectiva; pero social, con un amor por los lazos emocionales profundos, las amistades auténticas y las actividades u ocupaciones creativas compartidas. A pesar de que a veces parece tímido, callado, de voz suave o reservado, tiene un lado salvaje y muy apasionado; que cuando se le permite brillar, puede volverlo a usted muy inspirador.

Su capacidad para conectarse con conceptos e ideales invisibles, emociones e impulsos ocultos, instintos internos, así como la gran variedad de la experiencia humana, lo hace verdaderamente cautivador e impresionante. Además, un empático que entró plenamente en su papel inspirador y motivador es extremadamente seguro y valiente: ¡Literalmente no tiene miedo! Las emociones, las personas y las expresiones a las que otras personas pueden tener miedo de mostrar o encarnar por completo, pueden fusionarse hasta el punto de que cualquiera; incluido usted mismo, realmente cree que usted es ese personaje o representación de imagen que está buscando proyectar. Es como si se uniera con la esencia de otro y realmente se convirtiera en ese ser, entidad o personaje; ¿Y no es esto lo que hace un actor, actriz o intérprete de clase mundial? Lo mismo es cierto para la música. La música para usted es una experiencia trascendental y casi mística... Puede expresar cualquier emoción, frecuencia, concepto o historia a través de la música, ya sea a través de su voz, producción musical, un instrumento, bailar o cualquiera que sea su herramienta y canal, usted es extraordinariamente talentoso, por lo que muchos empáticos ni siquiera necesitan capacitación o "lecciones" excesivas para poder hacerlo. Tiene la habilidad de lograr el auto-dominio, por lo que domina los niveles de habilidad y destreza, simplemente a través de su energía. Por supuesto, si decide elegir un camino con los pies en la tierra y seguir la ruta tradicional, dedique su vida a un talento, instrumento o vocación que lo hará de primera clase y superior en su campo.

Sus habilidades en estos reinos se derivan de su creencia y deseo de amor. El amor y el espíritu de la conexión humana lo alimenta, motiva todo lo que hace y cada regalo que posee. Este amor puede ser romántico, sexual, erótico, platónico, universal o general, pero siempre es incondicional y puro. Encontrar la fuerza y el poder del alma dentro de usted para conectarse con sus dones y cualidades empáticas, le abrirá nuevas puertas y lo guiará hacia increíbles senderos inspiradores, basados en la actuación musical, si así lo decide, elige esta ruta. Una vez que se encuentre, se centre y comience a vivir en un flujo empático y armonioso, encontrará que usar sus dones y fortalezas de personalidad a través de la poesía, la actuación, la narración de cuentos o conectando a otros a través de la expresión musical, es algo natural para usted y puede ser un gran regalo para el mundo. ¡Su empatía es inspiradora!

El soñador, vidente y psíquico

Una cosa que no se enseña a menudo en las escuelas, ni que se acepta en la corriente principal, es el hecho de que usted es una persona extremadamente talentosa. Usted es un soñador, le encanta explorar sus sueños y fusionarse con otros mundos, por lo que posee las capacidades naturales para hacerlo. Mientras que algunas personas necesitan pasar años de entrenamiento, asistir a numerosos talleres, cursos o retiros, o practicar sueños lúcidos o proyección astral durante horas y horas en su habitación, muchos empáticos pueden hacer esto naturalmente. En realidad, puede ser bastante irritante para algunos (Créanme, ¡Tengo un amigo no empático que gastó miles de libras en retiros y talleres de sueños lúcidos y proyección astral, y a pesar de sus intenciones, simplemente no pudo hacerlo!). Sin embargo, para usted es tan fácil y sencillo como respirar. Al igual que todo lo que se dijo sobre usted como artista, creativo y visionario; su habilidad para acceder a reinos invisibles y sintonizarse con su mente subconsciente es extraordinaria. Realmente extraordinaria. Es en los sueños, donde los mensajes subconscientes, las ideas, la orientación y los arquetipos e imágenes universales o colectivos, son profundos y se puede acceder a ellos, por lo que su naturaleza empática le permite hacerlo de la manera más avanzada. El sueño lúcido es una forma de "conciencia elevada o trascendida" mediante la cual su mente consciente está despierta y lucida en su sueño. Es esencialmente un portal hacia el mundo de los sueños, el subconsciente y los reinos, y en lugar de estar inconsciente, desvanecido y dormido, está presente algún aspecto de su mente de vida despierta. El proyecto astral es la capacidad de ser consciente y presente durante una especie de meditación o estado meditativo, así como estar "entre sueños y la vida despierta". Esencialmente, su mente es libre de deambular y explorar la conciencia y los estados espirituales, místicos o sutiles del ser, mientras está conectado simultáneamente con su cuerpo. ¿La intención? ¡Es para acceder a su subconsciente o algún simbolismo universal, arquetipo, perspicacia o nueva idea extraordinaria!

Además, muchos empáticos tienen una calidad y esencia de videntes. La capacidad psíquica, la vista intuitiva, la percepción extrasensorial y los dones espirituales o chamánicos avanzados, son comunes con los empáticos. La clave para saber esto, está en que la empatía es tener una conexión emocional profunda con alguien, hasta el punto en que usted puede sentir lo que está sintiendo. Sin embargo, la empatía se extiende y se expande más allá de esto, también es tener lazos mentales y espirituales profundos, así como ser capaz de sentir, padecer y saber lo que otros piensan. Saber cosas sin que se les diga, saber cuándo alguien está enfermo o qué dolencia específica tiene, y saber sus creencias y opiniones sin que este se lo diga, es algo común. También puede sentir instintivamente lo que alguien está a punto de decir, o en qué dirección está a punto de fluir la conversación. Esto se debe a la naturaleza de la energía y el ser: Vivimos en un universo energético, donde las influencias sutiles gobiernan la realidad tal como la conocemos. Este sexto sentido psíquico o habilidad vidente, surge de su profunda conexión emocional con los demás, usted y el mundo; por lo tanto, están en sintonía con el reino subconsciente y los reinos de la emoción; que es donde surgen todos los pensamientos, creencias, perspectivas e interacciones. ¿Está comenzando a ver la conexión y la imagen completa? Bien, eso esperamos.

Entonces usted puede conectarse a algún arquetipo, símbolo o idea invisible que trascienda esta realidad tridimensional, y esto lo convierte en un soñador, psíquico y vidente natural.

La clarividencia, la clariaudiencia, la clarisentencia y la clariconciencia, pueden ser algo natural para usted o puede haber comenzado a trabajar conscientemente con los sueños en su adolescencia. Esto significa que mientras otros estaban absortos en otros mundos y frecuencias, usted estaba soñando. También existe una fuerte inclinación espiritual a ser empático, lo cual exploraremos más adelante.

Refiriéndose a la proyección astral y los sueños lúcidos; todos tenemos un cuerpo astral, una capa energética de nosotros mismos que se extiende más allá de lo físico. Esta capa de existencia astral es responsable de todos los enlaces y conexiones a fenómenos psíquicos, intuitivos, espirituales y arquetípicos. También es donde puede conectarse con los mundos de los sueños y su subconsciente durante el sueño o en ese período entre la vida de vigilia y el sueño, cuando está entre los mundos. El viaje astral es la capacidad de explorar alguna otra dimensión, escenario de sueño o estado alterado de conciencia a voluntad, completamente conectado a su mente consciente. Vibra a una frecuencia diferente, una frecuencia más alta, donde nuevamente, los arquetipos y los mensajes o sabidurías subconscientes son ricos. Todo esto está intrínsecamente relacionado con el ser superior y la mente elevada, la cual es una parte integral de ser empático... Puede sintonizar con algún poder superior, realidad divina o cósmica, o simplemente canales avanzados de pensamiento y expresión imaginativos.

El sanador, consejero y terapeuta

Vinculado con el último aspecto de su naturaleza y personalidad, está el hecho de que usted, querido empático, es un sanador y consejero natural. Tiene una cualidad de curación profundamente significativa para usted; y además, puede encontrarse asumiendo un papel de consejero para quienes lo rodean. ¿Alguna vez se sentó en un banco público o se paró en un lugar natural en profunda contemplación, y un extraño total se le acercó y comenzó a hablarle sobre sus problemas? Por supuesto que sí, y es increíble. Esto se debe a su corazón, sinceridad y alma... Hay mucho que decir aquí y podría decirse que esta parte de su personalidad empática es fundamental, es decir, crea la base de todos sus otros dones, deseos y habilidades. Vamos a empezar.

Debido a sus dones únicos de conectarse con otros en un nivel profundo, y el deseo genuino de hacerlo, usted es un sanador natural. Cuando se refiere a que tiene una "presencia curativa", esto se debe literalmente a que las personas se acercan a usted para revelarle sus secretos más profundos o sus problemas más sinceras. Pueden sentir algo en su aura, su campo de energía sutil pero muy real, el cual dice: "Soy compasivo, un gran oyente y realmente me preocupo por sus sentimientos. Por favor, siéntase libre de usar mi empatía para curarse y liberar sus problemas." Si su campo de energía sutil pudiera hablar, ¡Esto es lo que diría! De hecho, muchos empáticos se convierten en curanderos o terapeutas, ya que estos caminos y profesiones están fuertemente asociados con su verdadera naturaleza. Sus niveles avanzados y sinceros de empatía le permiten leer mentes, sentir sentimientos, sintonizar emociones y experimentar cosas sin que se lo digan. Esta "lectura de mentes", es esencialmente un don psíquico y una intuición mejorada, una intuición tan fuerte que puede ser completamente clarividente o capaz de la telepatía. Sin embargo, no lo hace de una manera superficial o egoísta, lo hace debido a un genuino deseo y compasión para ayudar y sanar a través de sus dones naturales. Esto es lo que lo hace un verdadero sanador en el fondo, y el motivo por el cual es el consejero perfecto, un terapeuta o sanador de cualquier clase; si debe elegir esta ruta.

Combinado con todo esto, está la verdad de que usted es un oyente extraordinario. Ya se ha dicho que las personas pueden acercarse a usted en la calle o en un lugar tranquilo, zen o introspectivo en público o en una reunión social, y comenzar a hablar con usted, generalmente de algún problema o un discurso abierto sobre su vida. Pero esto además lo hace extremadamente talentoso en cualquier función de asesoramiento o terapia. Su capacidad única de mantener espacio para los demás, es realmente extraordinaria. Y lo más probable es que no necesite mucha capacitación; o si lo hace, sentirá que ya lo sabe todo y que el maestro o entrenador es como su propio subconsciente que le responde. Mantener el espacio es mantenerse centrado y alineado, así como mantener su vibración personal mientras elige conscientemente dirigir la energía y el flujo de la conversación hacia las necesidades de la otra persona. Esto es; en última instancia, amor incondicional, compasión y empatía fusionadas con calidez, corazón y mente abiertos, así como un deseo genuino de sanar o ayudar, a través de la escucha, la comprensión y una sensación de desinterés. Cuando usted tiene espacio, da y dedica su tiempo, atención y energía, únicamente a la persona que usted está buscando ayudar; no hay intenciones egoístas ni motivos manipuladores u ocultos. Se convierte en un canal o conducto para el viaje y la experiencia de curación de la otra persona, y esto es algo extremadamente desinteresado y hermoso que hacer. Bueno, lo hace de forma natural, y a menudo incluso cuando no sabe que lo está haciendo. Esto se debe a su verdadera naturaleza e intenciones sutiles; por lo tanto, la naturaleza empática y la personalidad, son una de las expresiones de amor más puras que cualquier humano podría esperar lograr en la vida.

En pocas palabras, las personas se sienten confortadas, seguras y protegidas a su alrededor, y usted tiende a vivir y resonar en su chakra del corazón. Su chakra del corazón, es conocido como el chakra central, el vórtice de energía que une el ser inferior y el ser superior, además es el asiento de la compasión, la bondad, la empatía y una conexión con los demás y el mundo natural. Tener un chakra del corazón fuerte, le permite prosperar en cualquier profesión de curación o asesoramiento, o simplemente con sus amigos y familiares.

El cuidador, trabajador social o de apoyo, y acompañante

Relacionado a ser un curandero natural, consejero y terapeuta, se encuentran sus tendencias innatas y su deseo de asumir un papel solidario y de apoyo. Muchos de los cuidadores, trabajadores sociales y de apoyo, así como compañeros de edad avanzada o animales que ve hoy en día, son empáticos o tienen fuertes tendencias empáticas. Usted es una de las almas más desinteresadas, genuinas y generosas, y nada es demasiado para usted. Está contento de tener espacio para los demás, ya sean seres queridos o extraños, y se preocupa y apoya profundamente en su energía, intenciones y motivaciones. La definición de empatía es la capacidad de conectarse, fusionarse y vincularse con otro en un nivel profundo y emocional, y esta es una de sus mayores fortalezas. A diferencia de los personajes "tóxicos" y egoístas; como los narcisistas y los vampiros de energía, los cuales prosperan al quitar algo; a usted le gusta dar como empático, está profundamente conectado con su entorno, medio ambiente y otras personas o animales, por lo que cualquier cosa que amenace su conexión puede provocar dolor, lucha, sufrimiento y confusión interna. "¿Por qué?" Se estará preguntando.

Debido a que toda la realidad de un empático está envuelta en la conexión de uno con los demás; es por esto, que cualquier cosa que busque disminuir esta conexión y posteriormente conducir a la desconexión o separación, resulta en una pérdida significativa de seguridad, al menos desde un nivel basado en el sentimiento. En otras palabras, toda su sensación de seguridad, protección y autoestima, está vinculada a la forma en que se relaciona e interactúa con los demás. Si alguien intenta romper esto, puede crear sentimientos de confusión, baja autoestima y falta seguridad en uno mismo, así como un cuestionamiento de sus propias creencias, dones, habilidades y realidades. A medida que exploremos más adelante, esta es la razón por la cual es esencial protegerse y desarrollar límites saludables, especialmente contra los personajes narcisistas y aquellos que desean abusar de su naturaleza amable y generosa. También es la razón por la cual canalizar y expresar estas cualidades suyas, puede llevarlo a vivir su mejor vida, la más feliz, armoniosa, y sintonizada empáticamente.

El Susurrador de Animales, Trabajador de Caridad y Voluntario

Con todo lo expresado anteriormente, esto lo convierte en un excelente susurrador de animales, trabajador de caridad y voluntario, o le permite prosperar en cualquier rol o actividad que aproveche su naturaleza desinteresada, caritativa, compasiva y empática. La personalidad empática se define por la conexión, la comprensión (y ahora que usted es consciente, la comprensión interna) y la capacidad de sentir cómo es ser otro. Muchos de ustedes llevan esta habilidad más allá y pueden leer mentes, o al menos fusionarse con otros a un nivel tal que uno sepa lo que están pensando o sintiendo. Este regalo se puede usar para susurrar a animales. El susurro de los animales, es esencialmente hablar con los animales, pero no es tan místico o "interesante" como podría pensar originalmente. Imagine a un delfín por un momento. Los delfines se comunican telepáticamente a través de un radar supersónico especial. Utilizan ciertas ondas de sonido y poseen la capacidad de hablar con otros de su clase a través de frecuencias que son muy reales y accesibles, a pesar de que los humanos no podemos o no queremos sintonizarnos con ellas. Ahora echemos un vistazo a los murciélagos, algunas especies de murciélagos usan la ecolocalización para esencialmente "ver" en la oscuridad. Utilizan ondas de sonido formadas a través del eco, las cuales rebotan en las paredes y otros objetos físicos, con tal de ayudarlos a navegar, ver y sentir. Entonces, ¿es realmente sorprendente descubrir y conocer que algunos humanos pueden operar en un nivel superior a la norma? Muchas personas autistas son capaces de obtener dones avanzados; y extremadamente evolucionados, en los campos artístico, matemático o musical... Hay verdaderos maestros espirituales, curanderos psíquicos y clarividentes, que son capaces de formas de telepatía, visión extrasensorial y precognición, así como varios otros dones mejorados.

Los empáticos tienen estas habilidades. Estar conectado a un nivel de empatía tan amplificado y evolucionado, te hace profundamente sensible a la energía sutil y a menudo espiritual. Los animales están en sintonía con esta energía, con un mundo donde "ver" sólo con dos ojos físicos o percibir desde una realidad limitada y tridimensional, no son las únicas formas de coexistir. Y usted; como empático, puede conectarse con muchos animales en un nivel sutil e invisible.

Usted es un alma sensible con un gran corazón. Elegir un camino o una carrera alineados para ayudar a otros humanos, como los adultos mayores, los discapacitados, los desfavorecidos, algún grupo u organización que necesita ayuda; además de ser una guía y un canal para ellos, es una ruta que muchos empáticos eligen. Tiende a sentirse más cómodo con los animales o en la naturaleza, donde puede ser usted mismo, o en cualquier posición que le haga actuar como un canal o conducto para sanar y elevar la vibración de la humanidad de alguna manera. Este es un gran aspecto para ser empático: Busque elevar la vibración de la humanidad y puede encontrarse trabajando en los campos de la caridad, humanitarios o de bienestar. Está genuinamente preocupado por el estado y el bienestar de la tierra, así como de todos sus habitantes; y también con consciencia. (¡Consciencia universal!) Como se ha dicho, al ser músico, artista o creativo, tiene un don para sintonizar algún concepto, idea o ideal superior basado en la moral, y esto también se aplica a los caminos que puede elegir tomar en el ecologismo, la caridad o causas de bienestar, y al estar al servicio de otros a través del voluntariado. Hay muchas cosas que se pueden compartir aquí, pero para que sea breve y dulce, cualquier pasatiempo, carrera, camino o dirección que le permita hacer uso de sus dones sensibles, comprensivos, empáticos e intuitivos, le permitirá brillar.

El sanador intuitivo, espiritual y trabajador de la energía

Básicamente, todo lo que se ha expresado anteriormente se puede aplicar aquí. Incluso si no se considera espiritual, usted está innatamente inclinado a ser espiritual y perceptivo. Ser empático naturalmente, trae un elemento de conciencia espiritual a su vida diaria y existencia, por ejemplo, puede encontrarse afuera en la naturaleza o en un paisaje natural que intuitivamente usted contempla a su entorno, reflexionando sobre la belleza innata y la esencia energética de un espacio, o permitiendo a su mente vagar de formas asombrosas. Esto se debe a que está conectado a la fuerza vital, sutil y energética. presente en todos los seres vivos. Esta fuerza vital universal también se conoce como chi, ki, Qi, prana o espíritu. Es un estado de presencia, conciencia y centralidad, combinado con un conocimiento espiritual y psíquico, un "sexto sentido" (¡Y séptimo y octavo!). Estar intrínsecamente en sintonía con esto, significa que usted ve cosas que otros no ven. También siente cosas más allá de los cinco sentidos físicos, y puede usar sus dones psíquicos y espirituales naturales para ayudar a los demás. Muchos empáticos se convierten en trabajadores del tarot, psíquicos o clarividentes, maestros espirituales, sanadores, practicantes chamánicos, sanadores del sonido, multiterapeutas o practicantes tántricos. ¡Puede que realmente sepa cosas sin que le hayan enseñado! Esta es la belleza de su regalo, y la razón por la cual debe ser honrado y apreciado. Además, esta habilidad innata suya, puede ayudarlo enormemente a dirigir sus energías empáticas hacia actividades útiles y orientadas a un propósito, en lugar de perderse en las vibraciones negativas y mal intencionadas de los demás (Como los narcisistas, por ejemplo).

Hay un gran dicho: *La energía va donde fluye la conciencia*. Esto se aplica a usted más que a muchos otros. Consulte la información y la perspectiva en "el artista, creativo y visionario", ya que esto puede ayudarlo a comprender mejor este aspecto de usted mismo.

El trabajador independiente y el "trabajador autónomo"

Finalmente, debido a su aversión inherente a ciertos personajes, roles, interacciones y energías, usted es el más adecuado para el autoempleo o los roles altamente independientes. Esto puede manifestarse de varias maneras, tales como ser un fontanero, electricista, mecánico autónomo o ser dueño de su propia pequeña empresa. En cualquier carrera o trabajo "tradicional" en el que elija ir, sería mejor para usted si asumiera un papel independiente y autodirigido. El principal punto de todo esto, es que usted tiene una aversión; por no mencionar una extrema sensibilidad, a ciertos ruidos que vienen acompañados con trabajos "normales". Cosas que la mayoría de las personas pueden tolerar, usted las siente y experimenta en un nivel profundo, al punto de que los sonidos y las frecuencias específicas del ser, pueden ser muy perjudiciales para usted. Trabajar en una oficina; por ejemplo, puede ser extremadamente estresante e incluso perjudicial para su naturaleza empática, al igual que trabajar en ventas o en cualquier trabajo en el que deba interactuar diariamente con una gran cantidad de personas. Su extrema sensibilidad a los ruidos fuertes o ambientes tóxicos, también significa que no le irá bien con la contaminación ambiental o los químicos fuertes, por lo que cualquier camino profesional que elija, debe tener un cierto nivel de autonomía. En resumen, usted requiere soberanía para elegir sus herramientas y canales de trabajo; de lo contrario, ciertas cosas pueden causar graves trastornos a su salud. Por lo tanto, ser autónomo equivale a dar forma a su propio camino y moverse al ritmo de su propio tambor, lo cual es primordial como empático.

Aunque estos no se refieren a los diferentes *tipos* de empatía, tomar conciencia de los diversos aspectos de la personalidad empática y su naturaleza, le permite definir la empatía en su totalidad. También puede ayudar significativamente en su viaje de descubrimiento y autodesarrollo. La empatía es un regalo que abarca y sus aplicaciones son enormes. El interior y la comprensión de uno mismo, pueden ser la clave de su propio rompecabezas personal y ayudar a arrojar luz sobre ambigüedades o áreas de confusión. También es importante tener en cuenta que no todos los empáticos son iguales, sólo porque usted es compatible con algunos o todos estos elementos, no significa que todos los demás empáticos lo serán. Ser empático es tener un plano específico, lo cual también puede ser visto como el plano empático, pero cuáles caminos y canales para la autoexpresión elegirá, dependerán de usted.

Signos de empático

Implicaciones prácticas de ser artista, creativo y visionario:

• De niño, puede que usted se haya encontrado soñando despierto y haya dejado que su mente divague en mundos e ideas invisibles. Su imaginación era rica, y es posible que se haya aburrido en situaciones sociales o demasiado estimulantes de forma externa, como fiestas o reuniones sociales. Usted prefería la soledad y la introspección, y siempre encontraba su mente explorando reinos imaginativos o ideas abstractas.
• Naturalmente, es posible que haya tenido un fuerte conocimiento interno de que podría llegar a mejores ideas o soluciones ingeniosas a las que se presentan en la escuela, o por sus maestros y compañeros. Aunque nunca es ni ruidoso ni dominante, su conocimiento interno silencioso, lo condujo a la expansión y el desarrollo de sus dones ocultos y habilidades creativas únicas. Es posible que la gente lo haya visto posteriormente como el lobo solitario o la oveja negra, o como el tímido y el callado. ¡Sin embargo, dentro de su piel, su mente estaba trabajando de manera mágica!
• Sus formas abstractas y creativas de pensar, pueden no haber sido apreciadas o entendidas por otros. De hecho, puede haber sido intimidado, expulsado o molestado por ello, simplemente perseguido por ser tan único y original.
• Es posible que haya pasado mucho tiempo en su habitación o en soledad leyendo, escribiendo, haciendo periodismo o mirando podcasts o documentales inspiradores y educativos. Los temas esotéricos y metafísicos le fascinaron, y tenía un conocimiento interno de que aprender sobre temas "extraños" o fuera de lo común, podría ayudarlo con su creatividad de una manera inexplicable.

Implicaciones prácticas de ser músico, intérprete y narrador:
• Usted descubrió que naturalmente podía reproducir música, tocar al ritmo de un tambor o comprender aspectos relacionados con la narración o la actuación avanzada, sin que se

le enseñara. Leer música puede haberle resultado fácil o aprender un instrumento sin esfuerzo.

• Tuvo la capacidad de conectarse con otros en un nivel profundo, incluso sin enseñar y pudo fácilmente; y casi sin esfuerzo, tomar y adoptar muchos roles. Es posible que se haya relacionado con personajes de obras de teatro, intérpretes o músicos de una manera más profunda inexplicable por su mente, y haya experimentado cierta música como una experiencia trascendental y "de otro mundo".

• El teatro, las artes y las representaciones le interesaron mucho más que las materias relacionadas con ciencias o matemáticas. Usted fue avanzado en sus habilidades de actuación; y posteriormente, puede haber sido elegido para roles principales.

• Cuando estaba en un lugar público o en cualquier reunión o evento social tradicional con música, a menudo tenía una necesidad inexplicable de bailar y ser completamente libre; sin embargo, sintió que algo lo frenaba, como si supiera que sería juzgado o parecería loco. A diferencia de otras personas que bailan, usted sabía que tenía en el fondo, un sentimiento en sus entrañas que puede cambiar el estado de ánimo y el tono de la habitación o el espacio, simplemente con su baile liberado.

• Ser el más reservado y callado en un grupo era su rol mientras crecía, sin embargo, siempre había momentos en los que podía sentir un gran cambio de energía, y en ese momento daba un paso adelante. Es posible que haya sorprendido a las personas que lo rodean, incluso a las que conoce y considera cercanas; y de repente o momentáneamente, tomaría el centro del escenario. Algo de sabiduría, perspectiva, don o talento, brillaría a través de usted, y de esta conversación o actividad grupal, cambiaría su curso, generalmente siempre en una dirección positiva e inspiradora o curativa.

Implicaciones prácticas de ser un soñador, vidente y psíquico:

• A menudo tenía sueños que no podía explicar, pero sabía que le enviaban un mensaje o una visión directa de alguna manera. Los sueños tenían un fuerte significado significativo, y lo sabía incluso antes de leer y aprender sobre lo que estaba ocurriendo, o antes de que se lo enseñaran.

• Es posible que haya tenido experiencias astrales o haya visto "energía invisible" por la noche. Básicamente, eres capaz de percibir la energía sutil, la fuerza vital universal que existe en el espacio. Muchos niños empáticos pueden sentir una energía espiritual o sutil sin saber qué es, además de tener pesadillas únicas o sueños increíbles como resultado. (Yo mismo soy empático, y recuerdo haber visto "hilos" dorados y plateados como cuerdas en la oscuridad, flotando como si estuviera bajo el mar. Nunca supe qué era y me dije que no tuviera miedo, pero yo Siempre pude sentir que estaba rodeado de una presencia mágica y desconocida).

• El susurro de animales puede haber sido algo natural para usted, y tuvo un vínculo profundo y extraordinario con las plantas, las flores y la naturaleza. A menudo sentía que existía en una longitud de onda completamente diferente; y que a veces, usted se sentía más conectado con animales, flores o plantas que otras personas.

• Si encarna estos aspectos empáticos, también tiene un profundo sentimiento interno con respecto a las personas y los lugares. Simplemente "sabría" si un lugar no se siente bien o si una persona no tiene buena energía. También sabrá qué camino tomar y qué ruta fue la mejor cuando estaba en una aventura, exploración o caminata por la naturaleza. Sus sueños pueden haber sido vívidos e incluso puede que se haya quedado atrapado fuera o dentro de su cuerpo por el sueño.

• Los sueños lúcidos y la proyección astral o las experiencias de viaje, pueden haber sido algo natural para usted; o lo más probable, es que haya hablado con algunos personajes inolvidables en sueños que "sabía" que eran más que un sueño; se sintieron reales.

• Muchos empáticos cuando eran jóvenes, literalmente podían sentir, ver o percibir seres espirituales también conocidos como fantasmas. Nunca fueron oscuros o malévolos, pero fueron neutrales o benevolentes y tuvieron una presencia espiritual o pacífica. Alternativamente, usted puede ver auras y sintonizar la energía de un lugar.

Implicaciones prácticas de ser un sanador, consejero y terapeuta:

• Usted tuvo una forma única de conectarse con los demás en un nivel profundo y es posible que haya encontrado extraño que ellos se acercaban a usted para hablar, cuando ya estaba en la adolescencia y a comienzos de los 20 años. La gente tenía una atracción inexplicable hacia usted y sabía que podía abrirse con usted; incluso habrían descubierto su alma sin ninguna bienvenida o invitación verbal.

• Es posible que haya tenido una afinidad y conexión natural con los animales, así como la naturaleza, y se haya sentido más contento en su presencia, como si no fuera juzgado y pudiera ser usted mismo. Es posible que también haya sido intrínsecamente atraído por la física cuántica, la mitología oriental, la filosofía budista y los libros de meditación, y haya tenido un fuerte reconocimiento interno del significado de la salud holística y la medicina alternativa. Las artes curativas, las terapias holísticas y complementarias, la medicina alternativa y la espiritualidad fueron áreas de pasión para usted.

- Siempre fue el introvertido o introspectivo de la familia, y las personas que lo rodean, lo apreciaron o reconocieron por su naturaleza empática, sincera y no invasiva. Aunque todavía eran jóvenes, los adultos reconocieron que no era ruidoso o extrovertido, y que podía recurrir a ellos para ocasionarles ataques de sabiduría o para ser un oído atento.
- Siempre sostuvo principios morales y humanitarios particularmente altos, y nunca tuvo miedo de decir su verdad sobre estos asuntos. A pesar de cuán tímido, callado o reservado puede haber aparecido generalmente entre sus colegas o compañeros de clase, cuando se trataba de discusiones grupales u oportunidades para compartir su perspectiva, nunca se contuvo. Es posible que haya sido uno o dos de los 30 que estaban en contra de la caza de ballenas, por ejemplo; o inlcuso, puede haber sido uno de los pocos estudiantes que tenían un punto de vista específico sobre algunos temas ambientales o de derechos de los animales. En resumen, su empatía y compasión avanzada despertaron una valentía dentro de usted.

Implicaciones prácticas de ser un cuidador, trabajador social o de apoyo y acompañante:

• Al crecer, es posible que haya sido particularmente tímido e introspectivo; y tal vez, le hayan dicho que era demasiado sensible, ¡La mayoría de las veces! Esto se debe a que usted es extremadamente compasivo, y está naturalmente destinado a ayudar a los demás de alguna manera, a asumir un rol de cuidado y apoyo; e incluso en su juventud, fue algo natural para usted. Como niño y adolescente, es posible que no haya entendido esto; y por lo tanto, se haya vuelto tímido y callado; sin embargo, su verdadero ser y esencia central nunca disminuyeron ni se oscurecieron.

• También puede haber tenido fuertes sentimientos de querer ser veterinario o algo similar cuando se le preguntó qué deseaba ser cuando fuese mayor. En la escuela, cuando se le presentan "opciones arquetípicas" (es decir, una persona del ejército, un veterinario, un actor/actriz, un médico, un gerente de una tienda, etc.), estas le atraen innatamente hacia profesiones de curación o cuidado. (¡O algo musical, basado en el rendimiento o creativo!)

• Usted tuvo una aversión particularmente fuerte a la violencia, y se inquieto cada vez más al ver actos y escenas violentas u "odiosas" en la televisión, en películas o similares. Al presenciar el sufrimiento de los demás, asumió su dolor; y con frecuencia, se convirtió en lo que a algunos les gusta llamar "demasiado emocionales o sensibles". De hecho, los adultos con frecuencia decían que usted era demasiado sensible, y ellos nunca entendían realmente cómo se sentía y experimentaba el mundo. Usted percibía el dolor y el sufrimiento de los demás, y tenía un fuerte deseo de sanar y ayudar a trascender estos dolores.

• Algo dentro de usted se encendería, y una parte de usted siempre sintió que podría ser un catalizador para una gran curación y transformación planetaria o global, sólo a través del uso de sus pensamientos, intenciones y emociones nada más...

Implicaciones prácticas de ser el Susurrador de Animales, Trabajador de Caridad y Voluntario:

• Es posible que haya desarrollado una relación profunda y personal con los animales que nadie conocía. Al visitar zoológicos, santuarios de animales, parques de vida silvestre o áreas, puede hablar con los animales en un nivel interno y sentir una conexión emocional y psíquica. Los animales para usted eran y son familia, sienten, piensan y experimentan una gran variedad de emociones al igual que los humanos, y usted las reconoce. Su intuición mejorada y sus poderes instintivos, pueden haberse extendido a su conexión con los animales.

• Cuando se cruzaba con una persona sin hogar en la calle, sentía una verdadera y sincera compasión por ellos, hasta el punto de experimentar que tenía el deber de aliviar su sufrimiento. Esto a menudo se traduce en dolor y sentir su trauma o desesperación. Nunca dudó en ofrecerle sus últimas monedas de cambio, la bebida actual o el nuevo alimento; y si no tenía nada, lo más probable es que fuera a la tienda más cercana para comprarles algo.

Ahora también como adulto, se siente seguro de sentarse con las personas sin hogar de vez en cuando, hablarles en un nivel de unidad y conectarse. Puede usar sus habilidades intuitivas y curativas para simplemente escuchar y cambiar la vida de un individuo.

• Es posible que también se haya sentido diferente de su familia de alguna manera inexplicable, la cual nuevamente se manifestó como el lobo solitario o la oveja negra. Su naturaleza sensible y empática lo hizo sobresalir de sus hermanos, primos, amigos o aquellos en sus grupos de pares.

Implicaciones prácticas de ser el sanador intuitivo, espiritual y trabajador de la energía:

• Usted se sintió profundamente atraído por todas las cosas místicamente esotéricas, espirituales y metafísicas desde el inicio hasta lo tardío de su adolescencia. Quizás le haya interesado la física cuántica, las religiones orientales, la filosofía, los cristales, la astrología, la adivinación, las habilidades sobrenaturales, la numerología y la sabiduría ancestral. Poseía un profundo conocimiento de todas las cosas y podía ver más allá de los motivos, sentimientos e intenciones ocultas de las personas.

• En la vida adulta, esta capacidad de ver más allá del velo de la ilusión, le permitió aprovechar aún más sus poderes psíquicos e intuitivos, lo que podría llevarlo por caminos de entrenamiento para convertirlo en un chamán, sanador de energía o maestro en algún linaje y escuela de pensamiento específicos. Siempre ha sabido que tenía un propósito más profundo y que su misión en la vida es conectarse con su propia alma, con tal de que pueda ayudar a otros a hacer lo mismo. Curar heridas ancestrales, traumas pasados, patrones y ciclos kármicos, es esencial y una necesidad desde su perspectiva. El "trabajo del alma" es una parte integral de su filosofía, creencias e intenciones.

• Puede haber comenzado a meditar a una edad temprana y leer literatura espiritual o libros infundidos de sabiduría sobre temas ocultos, espirituales o metafísicos. Sus sueños pueden haber sido vastos y profundos; y naturalmente, puede haber comenzado a realizar proyectos astrales o viajes y sueños lúcidos. Todos sus sentidos se intensifican, y su amor por los animales y la madre tierra, aumenta con el mayor conocimiento que adquirió.

Implicaciones prácticas de ser trabajador independiente y autónomo:

• Tuviste una aversión particular a ciertos temas en la escuela y las perspectivas que se enseñaban como verdades, se veían como opresivas o dogmáticas (Unas que entraba en conflicto con tu conocimiento empático y tu instinto). Usted no era necesariamente un rebelde externo, pero era interno, y frecuentemente iba en contra de la norma, ya sea a través del habla, las obras escritas o la autoexpresión. La estructura y las formas opresivas lo hicieron sentirse limitado, usted prefirió crear sus propias soluciones creativas y formas de pensar, y seguir órdenes establecidas sólo se respetaba si no dañaban el medio ambiente o creaban desigualdades entre maestros y estudiantes. Aunque era un niño o un adolescente, aún tenía una gran integridad personal, así como conocimiento de la ley, el orden natural, la equidad y la igualdad. Usted no respetaría ciegamente a un maestro o anciano que cree que no lo merece.

• Las reglas y regulaciones pueden haberle parecido opresivas, y sus puntos de vista políticos pueden haber sido fuertemente dirigidos hacia el liberalismo o el partido verde. Siempre hubo un deseo innato de romper el molde y crear su propio camino, o sólo apoyar los caminos de aquellos que eran totalmente compasivos con las intenciones puras.

• Cualquier provocación de guerra, violencia, injusticia severa, asesinato, crueldad o daño hacia los animales, la desigualdad a escala mundial y temas como el genocidio, se encontraron con un disgusto extremo y un dolor sutil. Independientemente de cuán "justificada" sea una guerra determinada, o si todos los demás estuvieron de acuerdo en que una decisión política es válida; si usted sintió en su corazón e instinto que no fue así, es que no fue así. Nada de lo que haya dicho ningún maestro o libro de texto podría hacerlo cambiar de opinión.

• Incluso cuando era un adolescente o un adulto joven, su integridad y valores morales siempre fueron pasos superiores al resto.

Tipos de empáticos

Empáticos emocionales

Los empáticos emocionales son los tipos de empáticos más comunes y conocidos; y en realidad, todos los empáticos son empáticos emocionales. Esto se debe a que la empatía es la capacidad de conectarse con otros a nivel emocional. Los empáticos emocionales por lo tanto, pueden sintonizarse y fusionarse con otros, ellos son capaces de sentir sus emociones como propias. Cuando usted se expresa positivamente, puede usar esto como un gran regalo, ya que es una luz guía y un camino de paso a través de niveles avanzados y maduros de sabiduría, así como de expresión emocional. También esto lo hace increíblemente susceptible a las influencias y habilidades psíquicas y sutiles, así como todas las formas de percepción extrasensorial y telepatía, precognición y la capacidad de niveles evolucionados de "lectura de la mente". Sin embargo, si aún no ha aprendido cómo mantenerse centrado, conectado a tierra y protegerse aún más de las influencias potencialmente dañinas, esto puede tener algunos efectos muy perjudiciales. Usted puede absorber los estados de ánimo y las emociones de otras personas hasta el punto de estar triste, confundido, herido, deprimido o adolorido, y a menudo ni siquiera sabe por qué. En este sentido, usted actúa como una esponja emocional y toma cada sentimiento, pensamiento, emoción e impresión que lo acompaña. Cuando es dominada; por supuesto, esta sensibilidad emocional se puede usar como un regalo, y también se puede usar para llegar al fondo de las personas engañosas o mal intencionadas. Usted puede sentir sus motivos ocultos y llegar al núcleo de lo que están ocultando o cómo están siendo falsos y manipuladores.

Empáticos intelectuales

Debido a que asociamos naturalmente la empatía con las emociones y la intuición, los empáticos intelectuales generalmente no se consideran como un tipo de empáticos. Los empáticos intelectuales; sin embargo, poseen un don único en el sentido de que pueden hablar y comunicarse de una manera rara. Usted puede fusionarse con la mente o el cuerpo energético de otro y obtener información, sabiduría, palabras y frases que su mente consciente no conoce. Por ejemplo, si usted es un empático intelectual, es posible que alguna vez haya leído algo en un libro o escuchado una información que luego se almacenó en el subconsciente. ¡La próxima vez que interactúe con alguien, una energía sutil activará su mente para conocer algunos temas muy complejos! Reflejar el comportamiento, el intelecto y la mente es algo natural, por lo tanto, a menudo le deja con un conocimiento interno y una conmoción simultánea, junto con las líneas de "¿cómo supe esto" o "¡guau, soy un genio!" Puede adaptar aún más su vocabulario, discurso y estilo a diferentes personas de todo tipo de antecedentes. Por ello, al comunicarse o interactuar con otros, usted puede cambiar los roles o las personas y comenzar a hablar de áreas inusuales, especializadas o ampliadas. Básicamente, puede adaptarse a cualquier personaje debido a su naturaleza altamente adaptable y flexible.

Empáticos intuitivos

Si usted es un empático intuitivo, usted encarna un elemento de todos los diferentes tipos de empáticos. La intuición es un regalo que define la personalidad y la naturaleza de una empático, ya que la intuición es la capacidad de estar en sintonía con sus sentidos. Cuando "intuye algo", usted siente o percibe lo que está por suceder, así que cuando está conectado a su intuición, está conectado a su lugar de conocimiento y poder. Puede recibir sabiduría o guía directa de su ser superior (la mente superior conectada a la conciencia cósmica y universal, y lo divino), o simplemente saber qué ruta tomar o qué decisión escoger. Por lo tanto ser intuitivo, conduce a todos los demás aspectos únicos y tipos de empatía. Esta intuición avanzada se puede usar como un regalo, como en la sanación, fenómenos psíquicos o espirituales, ayudando a otros o animales, o a través de roles de asesoramiento, cuidado o apoyo.
En definitiva, todos los empáticos son intuitivos, pero si usted resuena fuertemente con este tipo, entonces está conectado a su mente intuitiva por encima de todo. Su intuición es su luz de guía y la base de todas sus elecciones y dones empáticos.

Empáticos psíquicos o médicos

Los empáticos psíquicos o médicos, asumen las dolencias físicas de los demás. Al igual que una empático emocional que absorbe las emociones de los demás, los empáticas psíquicos o médicos, captan el estado físico y la energía de los cuerpos de otras personas. Esto puede presentarse de muchas maneras, como a través de asumir físicamente los síntomas, dolores y molestias de otro; por ejemplo, sentir que tiene un dolor en la pierna cuando otra persona tiene un dolor en la pierna, o tener síntomas breves de dolor de cabeza cuando está cerca de alguien con dolor de cabeza. O al sentir el estado energético y físico de otra persona, es posible que sepa que alguien tiene dolor de estómago o está pasando por un ciclo lunar doloroso (el período), o tal vez está lidiando con un dolor de muelas. (¡Las aplicaciones son enormes!) Esto se debe a que usted está conectado a muchas dimensiones, incluidas las sutiles y las espirituales, por ello, usted siente cosas más allá de la norma. Los bloqueos, dolencias, distorsiones y desequilibrios se pueden ver y sentir hasta cierto punto, y esto se hace a través de una percepción extrasensorial combinada con una intuición fuerte y poderosa.

Muchos empáticos psíquicos también se convierten en sanadores o terapeutas debido a este don especial que incluye a médicos, terapeutas de masaje, practicantes chamánicos, reflexólogos, aromaterapeutas, practicantes de shiatsu, trabajadores de la energía o trabajadores del cuerpo. Algunos empáticos incluso pueden ver bloqueos de energía directamente en otro, experimentados a través de una combinación de color y sintiendo la distorsión o problema a través de la vista.

Empatías Espirituales

Los empáticos espirituales son esencialmente los medios naturales, psíquicos, clarividentes y "canales". Usted puede actuar como un canal para que brillen muchas cosas, aspectos de la conciencia y una conciencia superior, tales como conectarse al espíritu o alguna forma de pensamiento "sutil-energética". Si usted es un empático espiritual, usted tiene la capacidad de no sólo de comunicarse con un espíritu o algún poder superior, sino también de sentir el estado emocional, mental y físico (médico) de otra persona, animal o entidad natural. Usted es como un empático emocional, psíquico y médico, pero con un entendimiento más holístico y abarcador. Muchos empáticos espirituales se convierten en grandes sanadores, maestros espirituales o guías, literalmente pueden sintonizarse y conectarse a cualquier cuerpo, dimensión, frecuencia o estado sutil de existencia. Siempre existe un deseo genuino de hacer el bien, servir y nunca dañar o ejercer un ego insano y jactancioso. También puede ser clarividente, clarisintiente y clariaudiente, por lo tanto, sentir, percibir y escuchar cosas de otras dimensiones.

Empáticos animales

Como empático de los animales, posee el don único de comunicarse y conectarse con los animales en un nivel profundo y raro. Esto se puede expresar a través de los susurros de los animales como se mencionó anteriormente o puede evolucionar este regalo para que se vuelva más consciente y presente. Muchos empáticos animales se sienten más conectados y cómodos con la presencia de animales (en lugar de estar cerca de los humanos), y los animales sienten esto. Hay una sensación subyacente de "magia" cuando usted se conecta con un animal como un caballo, un perro o un gato de manera empática, y los animales también perciben las intenciones y la conciencia de la empatía. Incluso si no necesariamente se considera un comunicador de animales o un susurrador que se conecta a este aspecto de si mismo, puede mejorar su vida enormemente y aumentar su confianza en su habilidades simultáneamente.

Empático de plantas

Usted está intrínsecamente conectado a las plantas, árboles, flores y entidades naturales del mundo. Al igual que un empático emocional, el cual puede sintonizarse con las emociones de los demás, usted tiene una capacidad única para conectarse con las plantas en un nivel profundo. Tiene una intuición natural sobre lo que necesitan las plantas y las flores, y es posible que nunca haya leído un libro especializado sobre cómo cultivar, cuidar o mantener plantas especiales. Simultáneamente, puede encontrar que las semillas y las flores crecen y prosperan en su presencia. Esto se debe a su aura y a las intenciones que exhibe sutilmente. Las plantas; como las personas y los animales, responden a la energía y a las impresiones sutiles, y muchos empáticos de las plantas son excelentes chamanes y curanderos, debido a la capacidad de sentir el espíritu en la reina y los reinos de las plantas.

Si usted es un empático de las plantas, puede entrar a la casa de un amigo o familiar y saber de inmediato que la planta puede necesitar agua dulce o puede querer trasladarse a un lugar diferente. ¡Además, puede recibir orientación de árboles o flores y comunicarse a nivel telepático!

Empáticos ambientales

Como empático del medio ambiente, usted tiene un sentido afinado de las maravillas naturales de la tierra. Puede sentir y "leer" ubicaciones físicas, objetos naturales y lugares de importancia energética. Los sitios sagrados, tienen una resonancia especial para usted y es posible que pueda sentir cosas más allá de los sentidos físicos al pisar un lugar; por ejemplo, un sitio sagrado, un templo en terrenos sagrados o lugares como Stonehenge. Los empáticos medioambientales también se conocen como empáticos geométricos debido al elemento geográfico de sus dones. Se pueden conectar a objetos naturales como piedras preciosas, cristales y rocas para recibir información, y pueden sentir y experimentar las emociones, recuerdos y experiencias de otras personas al entrar en un lugar.

Al están perfeccionados y desarrollados, los empáticos ambientales pueden usar sus habilidades como una brújula, sintonizando las ubicaciones físicas y ambientales para que lleguen todo tipo de sabiduría y experiencias extrasensoriales. También es importante como empático medioambiental, pasar tiempo en la naturaleza, ya que a menudo usted necesita "recargarse" debido a su mayor sensibilidad a la influencia externa.

Empáticos introvertidos

Los empáticos introvertidos son el tipo de empáticos que muchas personas confunden con la personalidad empática. Ser empático no es sinérgico con ser introvertido, sin embargo, están vinculados. Los introvertidos son personas que se sienten más cómodas en el mundo interno del ser; y posteriormente, disfrutan de actividades como leer, escribir un diario, la introspección, juegos, jardinería y la soledad, ante cualquier actividad e interacción extrovertida o ruidosa. Como los empáticos generalmente prefieren una conversación y conexión íntima, auténtica y real, si usted resuena con este tipo de personalidad empática, entonces exhibe las cualidades de un introvertido. No necesariamente le disgustan intrínsecamente las situaciones sociales, y usted no es "no extrovertido", sin embargo, tiene cierta aversión hacia los personajes demasiado ruidosos y dominantes, así como los escenarios sociales concurridos.

Como empático introvertido, puede usar su amor por la soledad, interacciones individuales o más pequeñas, y actividades introspectivas para desarrollar aún más su naturaleza empática y sus dones.

Empáticos activistas

Los empáticos activistas también se pueden llamar 'guerreros empáticos'. Esto se debe a que simplemente, usted es un guerrero, un activista y defiende lo que cree. Usa sus dones empáticos y su perspicaz percepción e intuición única para ayudar a otros de alguna manera; ya sea un activista por los animales, otras personas o el medio ambiente. Los empáticos activistas tienen un sentido de misión o propósito, y siempre son fuertes, audaces, valientes y audaces; por lo tanto, son líderes compasivos y poderosos. Todavía toma tiempo para recargarse y conectarse a su fuente interna de poder, pero también es fuerte en sus creencias y convicciones, y aprovecha su empatía para hacer el bien en el mundo.

Muchos empáticos activistas se convierten en activistas, políticos, líderes u oradores o pueden optar por canalizar sus habilidades en algún campo creativo o artístico con una gran visión.

Como puede ver en las descripciones, hay muchos tipos de empatía. Todos comparten fundamentalmente la misma calidad única que permite su visión y percepción únicas. Este regalo es la *intuición*.

Capítulo 2 - Dos lados de la moneda de un empático

Mitos empáticos y conceptos erróneos

1. Los empáticos son demasiado sensibles, débiles y melodramáticos.

Una de las mayores ideas erróneas para ser empático es que eres débil. Confundir su sensibilidad por cualquier cosa que no sea una superpotencia es un error, y desafortunadamente, demasiadas personas cometen este error. Es este mito y concepto erróneo, lo que lleva a muchos de los abusos infligidos a los empáticos; sufrimos a manos de narcisistas y otros personajes tóxicos a los que atraemos con frecuencia en nuestras órbitas, simplemente porque nos perciben mal como débiles y sentimos que pueden usarnos y abusar de nosotros. Ser etiquetado sin carácter, melodramático o débil puede ser común, al igual de ser tachado de hipersensible. ¡Pero ser sensible es un hermoso regalo y los empáticos están lejos de ser débiles! De hecho, somos nosotros los empáticos quienes somos el tipo más fuerte de personas en esta tierra, y es algo que debe ser honrado. Como empático, usted es conocido por su elevado estado de emociones y su capacidad desarrollada para conectarse con los pensamientos y sentimientos internos de los demás. Puedes sentir en muchos niveles; y para las personas que son menos receptivas y están conectadas con su esencia interna, esto puede ser muy mal percibido.
La verdad es que muchas personas son extrovertidas y dependen en gran medida de distracciones externas, conexiones, eventos sociales o escenarios y entretenimiento. Usted; por otro lado, se siente muy cómodo y contento en el ámbito de las emociones y simplemente "existiendo". Esto nos lleva al próximo mito.

2. Los empáticos son tímidos y antisociales.

Usted está lejos de ser tímido o antisocial, pero muchas personas lo perciben como estas cosas. Esto se debe a que está contento de funcionar en un nivel relajado y tranquilo; y a menudo, no verbal. Se favorece la conversación que lo estimula de alguna manera, y si no hay una discusión profunda o apasionada e interesante, puede optar por permanecer en silencio en un entorno social, además de ser un observador y asimilarlo todo. Es este silencio y satisfacción lo que algunos confunden por timidez. Sin embargo, usted es muy perceptivo y puede sentirse elevado, feliz o lleno de energía al observar y conectarse con otros en un nivel sutil. No le gustan los chismes, el chat sin sentido o la comunicación excesiva sólo por el bien de la comunicación, por lo que la gente lo ve como antisocial.

Ampliando lo que se mencionó brevemente en el último mito y concepto erróneo, muchas personas son extrovertidas, mientras que usted está inclinado a lo extrovertido. Si no es introvertido, sin duda le gusta reflexionar y volverse hacia la introspección. Es en la introspección, donde puede conectarse con su esencia, energía sutil y una profundidad emocional, ¡Y usted prospera en estos lugares! Pero esto puede ser mal percibido.

3. **Los empáticos son egocéntricos y autoabsorbidos.**

En aparente contradicción con el último mito y concepto erróneo, está el hecho de que algunos eligen verlo como absorto en si mismo e incluso egoísta; esto no podría estar más lejos de la verdad. Usted es increíblemente desinteresado, lo opuesto al egoísmo. Entonces, ¿por qué algunos lo perciben como egoísta y egocéntrico? La respuesta más simple y completa es que muchas personas no lo entienden. Viven en un mundo de cero empatía como un personaje fundacional básico. Todavía se ven superados por las tendencias de narcisismo, egoísmo, energía y acciones egoístas, así como pensamientos y emociones basados en la separación; no operan ni existen en la misma frecuencia que usted. Ahora, esto no aboga por que usted sea superior o "mejor que" ellos, pero hasta cierto punto, debe reconocerse que su programación central funciona con una vibración y frecuencia diferentes. Las implicaciones prácticas del mundo real de esto, son que su empatía y cuidado profundo se confunden con el egocentrismo. Al igual que la analogía utilizada al comienzo de este capítulo con respecto a entrar a una habitación y "sintonizarse" a una determinada frecuencia, muchas personas no lo ven. No lo ven ni lo entienden en absoluto, en verdad. Algunas de sus cualidades más hermosas incluyen el amor incondicional, compasión, cuidado profundo y consideración por los demás, una naturaleza curativa y de apoyo; y por supuesto, la empatía en su máxima expresión; son mal percibidos. Puede que ni siquiera sean recibidos por algunos debido al escudo que algunos de nosotros usamos.

Una representación principal de este mito es la siguiente. Usted está sentado en una habitación silenciosa, introspectiva y empáticamente conectada. Ha entrado en una reunión o situación social con intenciones de una conexión profunda y auténtica, siendo el amigo del que lo necesita o abriéndose conscientemente para estar listo para dar consejos, amor, cuidado y apoyo. Refiriéndose a las cualidades empáticas expresadas anteriormente, usted asume naturalmente el papel de cuidador, consejero, sanador o terapeuta. Ahora, esta es su vibración, es usted siendo real sin ninguna máscara o fachada. Sin embargo, a los personajes ruidosos, narcisistas, emocionalmente cerrados, extrovertidos o demasiado masculinos y agresivos (tal vez no todos simultáneamente, pero cualquiera se aplica), usted le parece egocéntrico. En pocas palabras, usted no existe en su frecuencia; por lo tanto, no pueden verlo. Han puesto un escudo a su verdad y empatía, porque lo más probable es que hayan cerrado esta parte de sí mismos, o al menos; no de manera consciente, han trabajado para integrarlo en su programación y personalidad principales. Usted opera en diferentes frecuencias. Otro ejemplo es que usted brilla de la manera más desinteresada e incondicional posible para la humanidad, pero la gente lo ve como egoísta o manipulador.

No pueden entender que realmente es un personaje generoso, amable y generoso, por lo que sus acciones y motivaciones deben ser egoístas o debe tener una agenda oculta. Por supuesto que este "deber", represeta sus propias ilusiones y proyecciones de ego; sus propias creencias distorsionadas y patrones de pensamiento.

4. **Los empáticos son flojos y carecen de impulso, ambición o pasión.**

La percepción de que los empáticos son flojos y carecen de impulso o ambición es otra distorsión de la mente no empática. La empatía como se explora, es un regalo derivado a menudo del silencio y el espacio. El "silencio y el espacio", es el vacío del ser que es también la fuente de la creación. A través de la introspección, momentos conscientes de introversión (¡Sin depender de estímulos externos o entretenimiento constante!), Autoexpresión creativa, artística e imaginativa, y ponerse en sintonía con sus habilidades de escucha y asesoramiento natural, las cuales son intrínsecas a la personalidad empática, usted es absorbido por una realidad completamente diferente. Es en este espacio donde ocurren ideas increíbles, pensamientos y catalizadores en acción. Nuevamente, mucha gente extrovertida cree o percibe que el genio y la innovación provienen de lo único que saben, acción; ruido y ajetreo, sonido y movimiento. Pero, ¿el sonido y el movimiento no se encuentran igualmente con el silencio y el espacio? Esta es la clave para comprenderse a si mismo y aceptar este concepto erróneo de los demás. Desde una perspectiva diferente, la verdad es que muchos de nosotros; los empáticos, sufrimos momentos de pereza, pero esto se debe únicamente al hecho de que estamos tomando mucho de los demás. Podemos perdernos temporalmente en una realidad de literalmente convertirnos en un cuidador, consejero o terapeuta para aquellos que amamos, y esto en sí mismo nos deja descuidando otras áreas de nuestras vidas; y lo más importante, ambiciones personales. Puede llevarlo a convertirse en un vertedero emocional o asumir tanto equipaje externo, que siempre se siente cansado, de ahí la falta de pasión y empuje.

5. **Los empáticos están de un mal humor propio del infierno**

Oh dios. ¿Sería demasiado crítico llamar a este tipo un ignorante propio del infierno? Ser percibido como de mal humor es de hecho, un sincero nivel de ignorancia. Es ignorar, la decisión de ignorar algo y desconectarlo de la realidad. Y esto es lo que algunas personas hacen a su compasión, empatía y deseo de ayudar, sanar o mantener el espacio. La verdad es que muchos empáticos se centran más en los demás que en ellos mismos y esto puede dejarlos abiertos a cambios de humor reales, porque (usted) asume los problemas de los demás, o lo deja abierto a no ser malhumorado sino a una profunda introspección. Esta tendencia hacia la retirada y la introspección, no se debe a que está absorto en ti mismo o inmerso en sus propios sentimientos y pensamientos, sino porque está absorbiendo inconsciente o conscientemente la mierda de todos los demás. Intuitiva e instintivamente, usted siente los sentimientos de los demás, y esto implica sus preocupaciones, intranquilidad, dolor y luchas. Sin embargo, también implica sus ilusiones, juicios, distorsiones, deseos y proyecciones mentales dañinas y mal intencionadas; o no tan puras y santas, hacia usted o sus seres queridos. En resumen, asumir tanto puede ser muy dañino para usted, y uno de los resultados de esto es volverse "decaído". Pero puede que no esté realmente deprimido, puede estar transmutando todo al entrar en un espacio contemplativo y transmutivo. La mayoría de las veces, usted no se da cuenta de que lo hace, entonces, ¿por qué debería: 1- ser temperamental o no optimista y alegre (introspectivo) como resultado de las ilusiones y problemas de otras personas, y luego 2- ser perseguido o juzgado por ello?

La respuesta es que no debería. Aprender a centrarse y establecer límites fuertes y saludables, es una parte clave del viaje empático y además es esencial para su supervivencia.

6. Los empáticos son enfermos mentales, locos o tienen serios problemas psicológicos.

El síndrome de fatiga crónica, el insomnio, los dolores de cabeza, la tensión nerviosa y otros problemas y dolencias de salud física y mental, pueden surgir en los empáticos, y es importante ser consciente de esto y seguir los pasos necesarios para protegerse, amarse y curarse. Esto se debe a que usted es un imán para las energías y los problemas de los demás, además de tener límites desprotegidos. Pero, una empático completo, sano y equilibrado, no es un loco, ni sufre problemas de salud mental o psicológicos. En algunos casos, los empáticos pueden deprimirse y sufrir los efectos de asumir demasiado y ser un vertedero de equipaje emocional, sin embargo, esto es raro y tal vez sólo ocurre una vez en la vida, hasta que el empático se encuentra y aprende sobre su verdadera naturaleza. Estar contaminado por la energía nociva de otras personas, no es algo que deba hacer que lo vean a usted como con un problema de salud mental, ya que la raíz del problema no es con usted como empático, sino con las personas que hacen la proyección y la torsión. Cualquier patrón de pensamiento, creencia o percepción que no sea verdadero y esencialmente creado por uno mismo, defectuoso y distorsionado, es una distorsión. Debido a que la empatía es principalmente un don y una cualidad emocional, sus problemas percibidos pueden provenir de la manipulación emocional de los demás o del mismo amor, cuidado o compasión que proyecta.

Recuerde, sólo porque tiene ciertas intenciones y motivaciones en la vida, no significa que todo lo demás lo haga. Ser empático es una experiencia única y a menudo intensa, o al menos emocionalmente cargada, personal y vitalicia. También puede asumir una cantidad significativa de karma, y esta es una realidad que puede conducir a una considerable curación, compasión y el fortalecimiento de los dones cuando se perfecciona y se aprovecha.

Fortalezas de los empáticos

Aquí exploramos las principales fortalezas de ser empático.

1. **Naturaleza tranquila y relajada**

A pesar de lo que muchos pueden pensar inicialmente de su persona, usted es extremadamente tranquilo, con una naturaleza relajada y un comportamiento calmado. Maneja bien el estrés, y a menudo prospera en situaciones que muchos se ponen nerviosos, caóticos o incluso frenéticos. Las cosas que pueden ser abrumadoras para los demás, pueden manejarse con facilidad debido a su naturaleza empática. Lo mismo ocurre con las situaciones embarazosas y las experiencias que causan mayor confusión o ambigüedad: Se fusiona con todo y utiliza su intuición, compasión y empatía evolucionadas para navegar por aguas difíciles.

2. **Adaptabilidad y apertura al cambio.**

Usted es tan adaptable y flexible que no es de extrañar que muchos Piscis sean empáticos. Piscis es el duodécimo signo zodiacal del zodiaco y se consideran las almas antiguas del zodiaco. Muchos también los ven como sinónimos de empáticos, por lo que aprender sobre las fortalezas y cualidades del signo zodiacal de Piscis puede ayudarlo a comprender mejor sus propios dones empáticos. En resumen, usted es fácil de adaptar e ir con la corriente con no mucho en la vida que lo desconcierta. Este es un regalo raro!

3. **Genial mentalidad e increíble imaginación.**

Posiblemente dos de sus mayores dones sean su genial mentalidad y su habilidad para conectarse con niveles avanzados y evolucionados de pensamiento y expresión imaginativos. Todo lo que se ha compartido en el capítulo 1 se aplica aquí, así que vuelva a leer esa sección para aclararlo. (Las secciones Artista, Creativo y Visionario, y El Músico, Intérprete y Narrador).

4. **Compasión, aceptación y comprensión.**
"El sanador, el consejero y el terapeuta" y "El cuidador, trabajador social o de apoyo y acompañante" en el capítulo 1 pueden ser revisados.

5. **Habilidades de escucha y resolución de problemas.**

Sus habilidades de escucha y asesoramiento natural se han expresado bastantes veces, pero lo que también debe destacarse, son sus habilidades para resolver problemas. Tiene una capacidad única para ver las cosas de cierta manera y combinado con su imaginación y creatividad avanzada, esto puede conducir a victorias y logros altamente significativos en los ámbitos innovadores, intelectuales y cognitivos. Puede ser fácil suponer que los empáticos son sólo criaturas emocionales con una naturaleza sensible, espiritual o compasiva, pero hay un lado intelectual y analítico increíble para usted. Su empatía se extiende a la capacidad de "leer mentes", y esto se manifiesta en los aspectos cognitivos, de resolución de problemas y de razonamiento mental de la vida.

6. **Pureza de mente, corazón y alma…**

Ser empático significa que tiene uno de los corazones, mentes y almas más puros. Su pureza nace de su frecuencia emocional avanzada; en pocas palabras, opera con una conciencia mucho más elevada y un estado evolucionado de sentimiento, percepción y ser. Usted está conectado a su alma, e incluso, si usted es el tipo de empático que no se considera espiritual, usted está profundamente en sintonía con la belleza de la vida, la naturaleza y el universo. Percibe energía sutil y está conectado a los reinos subconscientes de una manera única y profunda.

7. **Como un camaleón**

Eres un poco camaleón, querido empático, y este es un rasgo maravilloso para poseer. Su fuerza personal, conocimiento y seguridad en sí mismo proviene de su intuición avanzada y capacidad de *conocerse a sí mismo*; eres profundamente compasivo, perceptivo y comprensivo y esto te hace altamente adaptable. También lo hace increíblemente fluido, como el agua, con una naturaleza y aspecto de "ir con la corriente" a su personalidad y carácter.

8. **Detectores de mentiras humanos**

Ser un detector de mentiras humano es una responsabilidad bastante pesada, ya que literalmente puede ver más allá de la superficie y detrás del velo de la ilusión. Las malas intenciones de los pueblos, las motivaciones falsas y las agendas ocultas pueden ser sentidas por usted, igual que una serpiente siente una energía sutil a través de su lengua y por el suelo. Pero ser tan perceptivo e intuitivo no tiene que ser pesado, cuando está equilibrado, completo y centrado con fuertes límites, puede ser una bendición. Puede usar este don para ayudar a otros, como ser un consejero o trabajador de apoyo, o asumir un papel diplomático y mediador. Este regalo también puede ayudarlo a navegar por las aguas y los fuegos de la vida con facilidad, integridad y gracia.

Problemas de los empáticos

1. Sobre o hipersensible

Ser tan sensible puede ser un tema recurrente y un problema en su vida, especialmente en momentos de debilidad o vulnerabilidad, o cuando lucha desde límites bajos o débiles. En casos normales, su sensibilidad es una superpotencia, no una debilidad o un revés. Pero cuando pierde el contacto con su esencia y su verdadero ser, o simplemente disminuye sus límites, usted es propenso a ser demasiado sensible o hipersensible. Esto se debe a que usted es una esponja emocional; y a veces, ¡Un vertedero emocional para el equipaje de otras personas! Es una triste verdad, pero esta es la realidad de ser empático. Antes de haber aprendido a fundar y proteger sus energías, usted se vuelve súper sensible a todas las diversas corrientes e impresiones que nadan alrededor. Puede darse cuenta inconscientemente de los problemas y luchas internas de TODOS, y esto puede incluso extenderse a los pensamientos y opiniones no tan útiles o amorosos de los demás. ¿El resultado? Tiene graves dificultades para vivir su vida con paz, felicidad y equilibrio, y también para mantenerse conectado con sus dones y fortalezas empáticas. El otro resultado es que esto lo deja sintiéndose *agotado emocional y mentalmente.*

2. Drenaje emocional y mental

Debido a todo lo mencionado en el último punto, una de sus principales luchas en la vida se está agotando emocionalmente. Usted es propenso a absorber todos los sentimientos externos, las corrientes y las energías que lo rodean; y debido a su naturaleza genuinamente útil, a menudo se abre a esta realidad intencionalmente. Pero se necesitan varias veces a lo largo de la vida para darse cuenta, y finalmente integrar la lección y la enseñanza; la lección de que no todos son tan puros, honestos o bondadosos y sinceros como usted. Esto lo abre a vampiros energéticos, personajes tóxicos y personalidades narcisistas. Las personas egoístas y abusivas (uno puede ser mental y emocionalmente abusivo) ven su naturaleza amable y generosa; y a menudo amable y compasiva, y buscan tomar, tomar y tomar. Se sienten atraídos por su corazón y la luz interior como las polillas a una llama. Esto lo deja increíblemente agotado. Puede agotarse su empatía, tiempo, sinceridad, fuego y luz internos, recursos, dinero, amor, afecto; o en casos extremos, puede ser estafado. Afortunadamente, al educarse sobre sus fortalezas, y tratar de integrarlas e incorporarlas completamente, usted puede crear un escudo sano y fuerte contra todo esto, y superar aún más sus luchas empáticas de toda la vida.

3. Propenso a los vampiros de energía y narcisistas

Este punto es tan significativo, que necesita una sección propia. Posiblemente, la lección más fundamental que aprenderá en esta vida es la de la dinámica empática-narcisista. Los narcisistas son egoístas, altamente manipuladores, egocéntricos y egoístas. Gravitan hacia las personas como empáticos, porque ven la bondad, el corazón y la empatía como una debilidad, no como una fuerza o un hermoso regalo que debe ser honrado y apreciado. Al principio, los narcisistas parecen encantadores, inteligentes, cálidos y afectuosos, pueden manipularte para que usted crea que son su mejor amigo o pareja ideal, pero esto es solo una fachada. Siempre hay algún motivo oculto o mala intención en el fondo. Un narcisista puede ser un narcisista "general" o puede ser extremo. Exploramos esto más en capítulos posteriores, pero por ahora, el punto principal a tener en cuenta es que a los narcisistas, usted no les importa; no les importan sus sentimientos, amor, buenas intenciones, generosidad o compasión suprema e incondicional. Así como dar es parte de su programación principal, tomar y abusar es parte de la suya. Las implicaciones de la vida real de esto, son que una vez que se ha encontrado con un narcisista y ha entrado en un vínculo o relación con él, ya sea consciente o inconscientemente, puede ser muy difícil de sanar, y la curación y la recuperación, pueden llevar mucho tiempo. También puede hacerlo sentir confundido y cuestionar sus propias intenciones y su autoestima. Los narcisistas son maestros manipuladores.

En cuanto a los vampiros energéticos, lo agotarán de todo lo que tiene. Otros personajes tóxicos incluyen mentirosos compulsivos, abusadores, perseguidores y psicópatas o sociópatas. El narcisismo extremo es un caso de los dos últimos.

4. **Demasiado amable y generoso**

Su fortaleza es que usted genuino, amable, desinteresado y generoso. Su debilidad, y por lo tanto; su lucha, es que puede ser demasiado de estas cosas, no sabe cuándo cortar o establecer límites saludables y esenciales. Muchos empáticos no aprenden esta lección hasta más tarde en la vida, como a mediados de los años veinte o principios de los treinta. La pubertad, la adolescencia y la adultez temprana pueden ser particularmente difíciles como empáticos, ya que estos períodos de la vida le hacen hacer preguntas como: "¿Cómo puede ser el mundo un lugar tan frío?" "¿Cómo el pudo hacerme eso?, ¡Realmente confié en ellos!" Y, "Esto es demasiado para soportarlo... ¿por qué siento la sombra, el dolor y el sufrimiento de todos tan fuertemente?" Un efecto intrínseco de su amabilidad; incluso cuando es joven, es la capacidad natural que tiene para enfrentar las ilusiones y la desesperación de otras personas. Sólo viendo un simple acto de violencia en la televisión o en una película, puede hacerlo sentir con el corazón roto, totalmente agotado y cabizbajo. Su amabilidad y corazón, combinados con una compasión a menudo inquebrantable, significan que la oscuridad y el sufrimiento del mundo son demasiado para su corazón suave y gentil. Ampliamos esto en el capítulo 4.

Capítulo 3 - ¿Eres un empático o simplemente sientes empatía?

Empatía ordinaria VS ser empático

La empatía es un regalo, como hemos establecido, ser empático es integrar, encarnar y equilibrar la empatía en la vida diaria, en su carácter y personalidad perpetuos. Puede estar pensando, "¿por qué es útil saber esto, saber la diferencia entre ser empático y poseer o exhibir empatía?" Es importante ser consciente de la diferencia para que pueda navegar por la vida por su propia cuenta, con facilidad y comprensión. Saber cuándo está completamente conectado con su empático, asumiendo que usted es uno, o cuándo simplemente usted está mostrando empatía como no empático, le permite conocerse mejor, sus intenciones y sus respuestas. Es como ser un médico con una amplia gama de conocimientos especializados o simplemente estar fascinado en la curación y la ciencia, y compartir su sabiduría adquirida de vez en cuando. También es como ser un músico, el cual vive, respira, practica y toca música a diario, o alguien a quien le gusta tocar un instrumento o cantar ocasionalmente. Puede ser conocedor, perspicaz y experto en medicina o música, sin ser médico o músico respectivamente. Lo mismo es cierto para ser empático o poseer la capacidad de empatía.

***

Empatía: es la capacidad de sintonizar y conectarse con los sentimientos de otras personas. Una persona empática es capaz de una conexión emocional profunda y auténtica, de compasión y comprensión, pero no necesariamente se identifica con la fusión con este rasgo de carácter, como parte de su identidad central y fundamental. Una persona empática se puede mover y llevar a sentimientos intensos y respuestas, o impresiones sentidas por el corazón.

Una empático: es alguien que toma los sentimientos, pensamientos e impresiones de los demás en la medida en que literalmente se vuelven uno con esos sentimientos. Es como si estuvieran experimentando esos sentimientos de forma directa, activa y consciente.

***

Si usted es empático, no sólo siente por los demás, sino que también absorbe los sentimientos de los demás. Su conciencia emocional, sabiduría e inteligencia existen en un nivel y frecuencia mucho más altos. También puede captar creencias y opiniones no expresadas, y actuar de la misma manera que algunos animales. El dicho de que las serpientes pueden sentir el miedo humano y posteriormente, actúan o responden según sus sentimientos e intenciones hacia ellas, funciona de la misma manera que un verdadero empático. Las serpientes captan energía a través del suelo y perciben a través de un órgano sensorial especial en el paladar. Bueno, un empático absorbe y capta la vibración general de otro. La clave a tener en cuenta, es que nuestros pensamientos, opiniones, creencias, intenciones, diálogo interno, mentalidad, emociones, sentimientos y prácticamente todas las impresiones, construyen nuestro ambiente holístico y nuestra frecuencia. Si la frecuencia general de alguien está emitiendo energía mala o mal intencionada, usted se da cuenta de esto. Si alguien necesita curación, consejos o asistencia compasiva, usted también lo captará. En esencia, responde a las energías e intenciones de las personas hacia usted y hacia los demás.

El cuerpo / campo de Energía Sutil: Ser consciente del Aura

Todos tenemos un campo de energía electromagnética también conocido como el aura. La ciencia define este, como un círculo muy real de energía que rodea a todos los organismos vivos y conscientes, como un campo electromagnético o campo de energía, y aquellos espiritualmente conscientes, lo definen como un aura. En realidad son uno y lo mismo, ya que ambos describen la "burbuja" de energía que circula por el cuerpo humano y otros organismos vivos. Aura se deriva de la palabra griega que significa brisa, y se puede ver que retrata el aura humana en su esencia. Esencialmente, nuestras auras son una combinación de energía sutil eléctrica, magnética y espiritual, en la que todos nuestros pensamientos, creencias, emociones e impresiones sutiles, navegan y pasan. Emitimos ciertas frecuencias o codificaciones de información y datos sensoriales, a través de los impulsos en nuestro cerebro y cuerpo. Estos a su vez se transmiten a través del aura que se extiende justo por encima y más allá del cuerpo físico. Así es como se pueden sentir las emociones sin usar palabras para describirlas, o cómo algunas personas pueden sentir las cosas psíquica, telepática o clarividentemente. El aura puede verse en última instancia, como un transmisor y receptor de conciencia de todos los pensamientos, emociones y sensaciones sutiles.

¡Nunca ha habido muchas pruebas científicas de la presencia del aura, a pesar de las miles de millones de experiencias de primera mano; y de la vida real, de aquellos que se sintonizan con la energía sutil y espiritual! Pero en los últimos años, el surgimiento de *la fotografía Kirlian*, ha proporcionado algunas pruebas fascinantes que respaldan la existencia del aura. Sin embargo, lo que es aún más fascinante, es que *los empáticos participan activamente y trabajan con su aura todos los días*. En otras palabras, usted está tan en sintonía con sus cuerpos de energía sutil, y el funcionamiento interno subconsciente, que ni siquiera necesita la prueba o las palabras científicas para describir lo que ocurre naturalmente. Usted siente, ve y capta cosas más allá de los cinco sentidos físicos. Puede sentir sentimientos y pensamientos no expresados, o saber si alguien está feliz, triste, ansioso, emocionado, asustado o algo así. También va un paso más allá, y esta es la razón por la cual una gran cantidad de empáticos se ven como psíquicos, o en posesión de dones espirituales, al sentir dolencias físicas reales. Usted puede entrar a una habitación y saber si alguien está enfermo, herido o con dolor, o puede descubrir el órgano específico o el área corporal que está causando la queja.

La capacidad de hacer tales cosas se logra a través de su aura, la burbuja electromagnética de energía que lo rodea a usted y a todos los demás. Debido a que está en sintonía con una frecuencia personal de ayuda, curación, uso de comprensión y visión compasivas para servir a los demás, usted recibe emisiones a diferencia de otros. Los cuerpos energéticos de otras personas están constantemente interactuando con los suyos, para que pueda elegir ayudar y ser de ayuda de alguna manera. Se envían vibraciones e intenciones sutiles y usted las capta. Es como tener una radio sintonizada a una frecuencia específica... Esta es la forma más precisa y comprensible de visualizar la esencia de ser empático. Ahora, en términos de implicaciones en el mundo real, esto significa que si aún no ha aprendido cómo establecer límites saludables y fuertes, seguirá siendo propenso a la energía negativa y actuará como una especie de esponja para el equipaje emocional y psíquico. También puede, por supuesto, ser propenso a absorber energía negativa o dañina, o sentirse deprimido e indispuesto sin causa. El otro extremo del espectro, es que una vez que tiene límites fuertes y saludables, toda su vibración se convierte en una percepción extrasensorial cuidadosa y consciente, en una habilidad psíquica y sensibilidades sutiles; sensibilidades que le permiten ayudar a otros y actuar como un catalizador para la curación y transformación de otras personas, en lugar de captar todo lo negativo y la mierda. Hay dos caras de la moneda, por lo que es de esperar que la sabiduría y la orientación de este libro, le permitan incorporar la última.

Mucho de esto ya está cubierto en detalle en estos capítulos, por lo que por ahora, veamos brevemente cómo puede hacer esto.

• Determine sus propias emociones, creencias y sentimientos. Cree límites saludables y coloque un escudo para que pueda distinguir lo que es suyo y lo que no.
• Encuentre alegría y placer en sus dones y habilidades empáticas. Escuchar a su cuerpo y sus sentidos, le permite disfrutar de ser empático, lo que a su vez crea más experiencias y asociaciones positivas y beneficiosas.
• Céntrese en la amabilidad, la compasión y la sinceridad. Estos, entre su generosidad y su naturaleza desinteresada, son sus principales fortalezas.
• Desarrolle su conexión con los animales y la naturaleza. El mundo natural y las diversas formas de "susurro de animales", pueden servir como una gran inspiración para la empatía y también para mantenerlo conectado con su verdadero yo.
• Encuentre maneras de fortalecer su yo superior. Intrínsecamente relacionado con ser empático, está la conexión que tiene con su yo superior, el aspecto evolucionado y de

funcionamiento superior de la mente, el corazón, el alma y el ser holístico. ¡Hay muchas maneras de fortalecer e integrar completamente su yo superior en la vida diaria!
• Manténgase alejado de las ilusiones, la negatividad y los mitos. Todos los conceptos erróneos y mitos empáticos deben ser aprendidos, pero una vez que tenga el conocimiento, debe evitar caer en las ilusiones y la ignorancia de otras personas. La negatividad no sirve a nadie, mucho menos a usted mismo.
• Tenga en cuenta las personalidades tóxicas y los personajes narcisistas... Establezca límites, practique el cuidado personal y el amor propio, y protéjase de los narcisistas y las personas tóxicas. ¡Esto es esencial!
• Intente trascender en ser agradable, en complacer a las personas y en ser extremadamente codependiente. Debido a su afinidad natural por la conexión emocional y la intimidad (ya sea platónica o no), puede dirigirse inconscientemente hacia la codependencia y otros hábitos poco saludables. La meditación y las formas ligeras de autoterapia como la terapia de sonido, realmente pueden ayudar.
• Procure rodearse de otras personas de ideas afines. Los empáticos son una gran compañía para usted, y también lo son las organizaciones o grupos comprometidos a ayudar a otros, al medio ambiente o a los menos afortunados de alguna manera. Interactúe con los espíritus afines y las almas sensibles; pero fuertes del mundo, ellos son los que lo ayudarán a prosperar.

El papel del detonador externo

La principal diferencia entre poseer empatía y ser empático radica en el papel del detonador externo. Para los empáticos, no necesitamos un detonador externo: nuestros pensamientos, motivaciones y deseos internos, ya están en sintonía con una forma de ser y sentirse empático y compasivo. Nuestra realidad está alineada con ser empáticos, por lo tanto, respondemos a las personas y situaciones de una manera completamente empática. Sin embargo, para un no empático, sentir una empatía real y sincera requiere un desencadenante externo; una acción o experiencia para inspirarlos a la empatía. Comprender esta diferencia crucial y ser más consciente de los tipos de experiencias y situaciones que provocan la empatía en los no empáticos, puede mejorar y ampliar su comprensión de su propia naturaleza empática. A continuación, exploramos algunas de las situaciones e interacciones clave que pueden surgir para iniciar una auténtica empatía.

1. Actos extremos de violencia, agresión o "maldad"

Las malas acciones, el dolor y el daño causado a otros, la violencia y la agresión grave, y los momentos de "maldad" son catalizadores de la empatía. La oscuridad a menudo proporciona espacio y oportunidad para que otros vean la luz, y esto es exactamente lo que ocurre tanto en los no empáticos, como dentro de uno mismo. Los actos de violencia u oscuridad extrema y desesperación en la televisión, en las películas o en las noticias, pueden ser particularmente catalíticos, al igual que ser testigo de primera mano. Observar tales escenas, ya sea a través de una pantalla o en carne propia, crea un nuevo portal para los sentimientos de empatía y la comunicación, por lo tanto, actúa como un detonador externo.

2. El dolor y el sufrimiento de los demás.

Todas y cada una de las experiencias con dolor y sufrimiento, son un desencadenante importante para la empatía. La empatía se define por la capacidad de sentir y experimentar los sentimientos de los demás, por lo que ser testigo de su dolor y sufrimiento, es la chispa final para la empatía y la cual nos lleva a esta. Asumiendo que usted es empático, no necesariamente necesita ver un escenario particularmente extremo o vívido de desesperación, lucha o trauma para que se desencadene su empatía. Viene naturalmente para usted. Sin embargo, para un no empático, estas cosas son extremadamente poderosas. El dolor tira de las cuerdas de su corazón, envía una onda a todo el cuerpo que básicamente dice que siento por usted, soy uno con usted, lo entiendo y enfatizo. Sólo los narcisistas son realmente incapaces de experimentar tal empatía y sensaciones internas.

3. Injusticia, menor o mayor.

La injusticia es otro desencadenante y puede ser menor o mayor. Ver la injusticia hacia los demás, los animales, el medio ambiente y el planeta sustentador en el que vivimos, también actúa como una chispa y un catalizador de esos sentimientos profundos y honestos de empatía que todos somos capaces de experimentar. La injusticia por la empatía está arraigada e integrada en la personalidad y la programación central de cada uno; cualquier signo de injusticia hacia otro automática e instantáneamente, recibe la atención y la compasión de un empático. Pero para alguien que no se considera empático, ser testigo de graves injusticias es un desencadenante externo digno. La injusticia se presenta en muchas formas, formas y tamaños, y puede incluir ver a alguien gravemente perjudicado financiera o prácticamente, a alguien abusado o tratado con violencia y agresión, a alguien que usa indebidamente una posición de poder o autoridad, o problemas de injusticia moral y/o espiritual.

4. Ser confiable con historias personales y momentos profundos de compartir

Cuando alguien se abre y descubre su corazón o alma, esto a menudo puede inspirar sentimientos profundos y sinceros de empatía. Hay un cierto nivel de confianza dado cuando un extraño o amigo y ser querido lo necesita; es como si estuvieran en silencio pero aparentemente diciendo "Confío en ti con mis sentimientos y preocupaciones más profundos, gracias por tu empatía". De hecho, en momentos como estos, el narrador de historias finalmente le brinda al oyente una oportunidad de crecimiento y autodesarrollo; y nuevamente, se necesitaría un narcisista real para no poder sentir y experimentar empatía en tales situaciones.

Capítulo 4 - Los problemas y luchas de los empáticos

Los comportamientos incomprendidos

Hemos cubierto una cantidad bastante significativa de mitos y conceptos erróneos sobre empáticos, por lo que en esta sección vamos a enfocarnos en algunos comportamientos específicos y llegar a la raíz de la verdadera naturaleza de empatía, así cómo los demás lo perciben.

Espacio de espera: desprendiéndose y volviéndose aparentemente "distante"

Mantener espacio es reunir todas sus fuerzas y ser fuerte, centrado y alineado para el viaje y el camino de otra persona. Muchos empáticos hacen esto, y con frecuencia, es posible que ni siquiera usted sepa que lo está haciendo. Está en su naturaleza sintonizar con el dolor, la desesperación, el sufrimiento o los problemas de los demás y tratar de ayudarlos a sanarlos. Bueno, lo hace convirtiéndose en una especie de conducto o canal para que la curación y la luz brillen. A través de su empatía, capacidad de gran compasión; y los pensamientos de amor y curación que les envía, esencialmente puede mantener el espacio, y es desde el espacio donde surge todo. La creación es espacio, proviene del espacio y penetra en él y a su alrededor; la creación no sólo desaparece o deja de existir. Los humanos somos canales naturales y conductos de energía para que brillen pensamientos, sentimientos, emociones, creencias, epifanías épicas y conciencia espiritual. Pero no todos nos abrimos lucida o conscientemente a esta realidad. Como empático, sólo sus pensamientos y motivaciones internas crean una vibración única dentro de la cual esencialmente le dice al mundo; "Estoy aquí para usted. Soy amor, soy compasión, y soy una conciencia sin prejuicios. Estoy feliz de escucharlo y dedicar mi tiempo y energía a ser de ayuda". Es un regalo poderoso y extraordinario para poseer.

Desafortunadamente, no todos entienden esto, y para esas pocas personas que están activamente en contra de la curación y el autodesarrollo, pueden interpretar mal sus intenciones y su energía personal por completo. La palabra clave aquí es proyección, proyectan sus propias inseguridades e ignorancia acerca de usted. Algunas personas pueden hacer esto conscientemente, como los vampiros energéticos, narcisistas u otros personajes tóxicos, pero para otros, es menos consciente y aparente. La mejor analogía para usar aquí es en relación con las frecuencias de ondas de sonido y los fenómenos naturales. Los perros y muchos otros animales pueden escuchar partes del espectro de sonido que nosotros los humanos no podemos, ¡Pero eso no significa que no existan estas frecuencias específicas y sonidos de tonos altos o bajos! De ahora en adelante, usted parece distante, separado o desconectado de su entorno físico; cuando en realidad, está más conectado que la mayoría.

Necesita su tiempo en solitario y su soledad: No queriendo conectarse o ser sociable

La apariencia de ser hostil, frío, distante o extremadamente insociable puede asumirse y verse cuando en realidad sólo necesita su tiempo a solas. A diferencia de los no empáticos, usted debe recargar sus baterías. Si no pasa suficiente tiempo en introspección, descanso y rejuvenecimiento o autocuración, puede desorientarse y agotarse. Los sentimientos, las emociones y el bienestar de otras personas continuamente le quitan tiempo, y a pesar de cómo los demás lo pueden percibir mal, usted es increíblemente desinteresado y generoso con su tiempo y energía. Es sólo por este hecho que requiere tanto tiempo en soledad y descanso. Además, usted prospera en la conexión; La conexión forma la base y el fundamento de toda su existencia. Uno de los principales miedos empáticos es la desconexión o separación. La forma en que piensa, siente y percibe, es muy diferente a la forma a la que otros experimentan su realidad, por lo que su verdad puede no ser entendida o incluso vista. A veces, sólo cuando adopta un papel de una persona muy verbal o extrovertida, las personas se dan cuenta de sus verdaderas motivaciones y sentimientos, antes de esto, pueden haber sido completamente menos sabios con respecto a su naturaleza empática innata y la realidad cotidiana. ¡Sólo porque usted sabe por lo que pasa, no significa que otros lo sepan!

Por lo tanto, la necesidad de que su soledad se recargue para que usted pueda ser su propio yo brillante, hermoso, cariñoso, compasivo; infundido con sabiduría y fuerza, exclusivamente para los demás, a menudo lo hará ver desconectado y antisocial. Esto puede superarse afortunadamente aprendiendo a hablar y ser más expresivo, además de no sentirse avergonzado o egoísta al decir su verdad y defenderse. Muchas veces en la vida, necesitará llamar a la luna, la luna, incluso cuando usted considere que todos los demás ya lo saben…

Encarnando el *modelo empático*: Parecer de mal humor

La vida humana es propensa a la ilusión. De hecho, se puede ver que todos existimos bajo el velo de la ilusión, ya que la vida misma es una experiencia multidimensional y mística. El modelo empático es su último plan energético, usted en su mejor y más alta frecuencia. Cuando usted está en este espacio y está conectado con su verdadero yo, puede parecer profundamente malhumorado o deprimido. Esto puede no ser un problema si no fuera por el hecho de que las personas lo tratan de cierta manera debido a eso. Ser visto de mal humor cuando en realidad está de buen humor y en un espacio hermoso, poderoso, brillante y perspicaz, puede causar algunos problemas y preocupaciones. En primer lugar, debido a que usted es tan propenso a captar energía sutil, esto puede hacerlo actuar de formas que no son representativas de su verdadero ser. Para usted todo está bien, pero muchas personas proyectan vibraciones y energía negativas y distorsionadas hacia usted con lo que retiene ¡Estas influencias sutiles lo afectan poderosamente! En segundo lugar, algunas personas pueden perseguirlo activamente o juzgarlo abiertamente por ello, lo que no hace grandes cosas por su moral y estado de ánimo. Por lo tanto, es su negatividad, delirios o juicios, lo que causan y crean el mal humor que creían que usted tenía en primer lugar. Esto en sí mismo, es una forma de compromiso de "vampiro energético", y hay algunos que conscientemente le harán esto, lo juzgarán y perseguirán por ser empático. Para otros, será simplemente una cosa inconsciente, pero algo que lo afecta de todos modos.

Al igual que con el punto anterior, debe aprender a hablar y expresar su verdad. Cantar puede ser muy efectivo para que otros sepan que usted es feliz, saludable y optimista. ¡Esto puede salvarlo del prejuicio y el resentimiento de decirle directamente a los demás cómo se siente, tales como tener que señalar que sufren de ignorancia o desilusión! Por ejemplo, ¿por qué no tararear "Necesidades de oso" o "Hakuna Matata" cuando está cerca de aquellos que lo están percibiendo mal? ¡O deje escapar una carcajada ruidosa pero natural y auténtica! Cualquier cosa que haga para expresarse y mostrarse en su luz divina e inspirada lo ayudará enormemente, salvándolo aún más de malentendidos y posibles malos tratos posteriores. No olvide que hay muchos personajes negativos, tóxicos y narcisistas, y muchas personas proyectan sus propias "cosas" sobre usted.

Las luchas diarias

Ampliando un poco desde "Comportamientos incomprendidos"... ¿por qué es que otras personas son las que juzgan, actúan con frialdad, son hirientes o son a las que no les importa nada ni se preocupan, sin embargo, usted es el que se percibe mal? Bueno, esta pregunta por sí sola es la base de sus luchas diarias. Pero sus luchas diarias se extienden un poco más allá de esto. En esta sección, observamos tres luchas altamente significativas para la personalidad empática. Tome nota, querido empático, porque lo más probable es que los sufra en algún momento de su vida.

La incapacidad de decir "no" (y ser aprovechado)

Uno de sus principales problemas en la vida es la incapacidad de decir que no. Conectado a esto, está la triste pero muy real verdad de la que a menudo se aprovecha, al menos hasta que haya crecido y aprendido a tener límites. Aprovecharse es algo que ocurre cuando usted atrae a los abusadores, narcisistas y otros personajes tóxicos a su campo de energía. Como se discutió anteriormente, su desinterés y compasión se ven como una luz, lo cual es así; pero desafortunadamente, algunas personas no quieren brillar con usted, en cambio desean tomarlo. Literalmente, puede dar demasiado por medios generosos y amables, o puede ser manipulado y engañado por personajes menos que puros. La honestidad, la sinceridad y la pureza son valores que lo definen y le dan forma, sin embargo, no son cualidades que definen a todos. Puede ser muy difícil para usted comprender y aceptar plenamente la frialdad y la dureza de este mundo. Realmente usted tiene un corazón muy puro y gentil.

Aprender cuándo decir no y cuándo dar es una de sus lecciones es clave. Ser empático es uno de los tipos de personalidad más avanzados y evolucionados que uno podría mostrar y encarnar en esta vida. Hay muchas personas que creen y reconocen que todos tenemos un alma, un aspecto duradero y eterno para nosotros mismos. Es el espíritu que fluye a través de todos los seres vivos y nos conecta, abriéndonos aún más a cualidades como la empatía, la compasión y la mayor conciencia o comprensión. Sin embargo, nuestras almas son nuestras puertas de entrada a una conciencia superior, y directamente al plano empático.

Hasta ahora hemos hablado en varios puntos sobre la frecuencia y la vibración, sobre cómo operan y existen los empáticos en una frecuencia más alta. Bueno, hay una gran verdad en esto. Vinculado al alma, está el concepto de karma, y ser empático tiene un elemento profundamente kármico. El karma es el intercambio de energía, sobre cómo nuestras intenciones y acciones se extienden para afectar los entornos externos y nuestras relaciones. En esencia, el karma influye en todo: Las elecciones que hacemos y las formas en que nos comportamos tienen una influencia directa en nuestro futuro. Pero el karma no sólo se limita al tiempo lineal o una realidad tridimensional, sino que también estamos profundamente afectados por el karma del pasado o de vidas pasadas. Ahora, si usted en vidas pasadas o en la atemporalidad del alma, es irrelevante. Lo principal que debe tener en cuenta, como empático, es que su esencia central es única. Su alma ya ha pasado por muchas pruebas y desafíos para llegar al escenario en el que está ahora en esta vida. Para alcanzar la frecuencia emocional evolucionada, y los dones psíquicos o espirituales que la acompañan, tendría que haber evolucionado. La evolución del alma es una parte fundamental del ser. Entonces, ser empático tiene un fuerte elemento kármico porque usted ha alcanzado un nivel de bondad suprema, desinterés, compasión y comprensión. Las cualidades que lo hacen empático no han surgido de la nada: Ha estado en un largo viaje para llegar a donde está ahora y encarnar las cualidades que usted posee. En este ámbito, los empáticos pueden ser vistos como la siguiente etapa en el viaje evolutivo.

Esto significa que una lucha central para su frecuencia y personalidad únicas tiene que ver con su amabilidad y generosidad. Es natural que usted quiera dar, dar y dar un poco más, porque esto es lo que es usted. Ha trascendido las formas egoístas y de baja vibración de ser y pensar. A diferencia de los narcisistas, por ejemplo, a usted le preocupa principalmente la conexión auténtica y ayudar a los demás, la sinceridad brillante, y otras cualidades hermosas y genuinas. Su propensión a decir siempre "sí", cuando en ocasiones debería de hecho decir "no", es por que esto viene con el karma. Su *lección kármica* de ahora en adelante, es respetarse y honrarse a si mismo, a su tiempo, a sus dones y a sus recursos, con tal de que pueda vivir mejor su vida sin ser agotado.

Problemas de intimidad: Problemas para abrirse al amor y a la unión sexual

La intimidad y el amor sexual son un tema y un área importante para un aprendizaje, crecimiento y transformación considerables. Ya se ha establecido que usted prospera con la conexión, y no tiene problemas para conectarse con otros a nivel emocional, por lo que no volveremos a abordar sus puntos fuertes. Sin embargo, debido a que opera a una frecuencia emocional tan avanzada, esto puede allanar el camino para temores y problemas relacionados con el amor íntimo, tales como en las relaciones personales y asuntos de unión sexual. Usted siente muy profunda e intensamente, y esto lo hace particularmente sensible en los asuntos personales del corazón. Entregarse a alguien es una cosa y una experiencia masiva, la cual cambia la vida y es casi espiritual. Mientras que algunos pueden experimentar la unión sexual y la conexión íntima de una manera muy alegre e incluso descuidada, para usted es pesado e intenso. Esto es porque cuando usted se une, se une. Le da a su mente, cuerpo, corazón y alma, e incluso si sólo conoce a alguien o se conecta en un nivel de espíritu libre del que muchos empáticos son capaces, todavía tiende a "darlo todo". Esto puede no traducirse literalmente como sugerir matrimonio o declarar su amor eterno, sin embargo, significa que invierte mucho emocionalmente. Y cuando decimos mucho, ¡Queremos decir MUCHO!

El amor es intenso, los sentimientos son una inversión y el sexo es más que un acto sin sentido; es hacer el amor, o al menos usar la unión sexual como una forma de unirse y fusionarse. Con respecto a que los sentimientos son una "inversión", recuerde lo que se compartió acerca de que existe un elemento kármico integral para encarnar el plan empático... Por la forma en que percibe, siente y se relaciona con su potencial interés amoroso, naturalmente da una parte de sí mismo. Ahora, suponiendo que se encuentre en un lugar curado, completo y "limitado" (etapa de límites saludables) en su vida, dar su tiempo, amor y empatía a través del tiempo gastado y la energía intercambiada, no es algo que le guste hacer, ni siquiera comprender como hacerlo si se trata de un narcisista. En pocas palabras, sólo el pensamiento de invertir tu tiempo y energía en alguien que no lo respeta, aprecia o quiere por el ser hermoso que usted es, es suficiente para que se cierre por completo. Hablando desde un lugar de madurez y con consciencia de sus relaciones kármicas y tóxicas pasadas, una vez que llega a cierta edad y a cierta etapa de su ciclo de crecimiento, si hay incluso la más mínima de las nociones de que está; de hecho, avanzando hacia la intimidad con un carácter narcisista o tóxico, instantáneamente levantará su barrera (¡Y con razón!). Por supuesto, cuando usted es más joven, y todavía está pasando por lecciones, las relaciones kármicas y tóxicas pueden ser muy comunes, pero esto es sólo porque aún no ha aprendido e integrar la sabiduría y las lecciones.

Avanzando a partir de esto, es debido a estos pequeños inconvenientes a lo largo de su vida amorosa, que la intimidad y el sexo son vistos como muy graves para usted. Ha tratado con relaciones tóxicas, y muy probablemente, ha atraído al menos un narcisista a su aura en algún momento (De nuevo, esto es hablando desde un nivel de adultez y madurez, suponiendo que está en sus etapas evolucionadas de vida empática). Usted sabe lo que es darlo todo, confiar plenamente en alguien, y haberlo roto. La dinámica empática-narcisista es una parte intrínseca de ser empático y algo que exploraremos en profundidad más adelante. También es algo que aprenderá si aún no se encuentra en una etapa más madura o más avanzada de la vida. Desafortunadamente, casi todos los verdaderos empáticos atraen a un narcisista en algún momento, y entran en una relación muy poco saludable y difícil.

Entonces, refiriéndose a los problemas en la intimidad y la expresión sexual y el intercambio; debido a su naturaleza generosa y desinteresada, es propenso a ser abusado, aprovechado o profundamente herido. Cuando se rompe su confianza, puede parecer el fin del mundo, y esto se debe a que es el fin de su mundo. Toda su identidad se basa en el amor, la amabilidad, la confianza y la compasión que le brinda a los demás, y esto incluye a su amante o pareja. Los lazos cercanos y las amistades pueden ser igualmente desgarradores. Puede encontrar desde mediados de sus veintes hasta los treinta años que amigos "de por vida"; o incluso ciertos miembros de la familia, se caen de su vida. Por mucho que acepte y no juzgue, sus formas egoístas y mezquinas pueden ser demasiado para su alma y corazón sensibles, y puede darse cuenta de que aunque sean familiares o lo hayan conocido durante casi toda su vida, no son las personas que creía que eran. Esto puede ser devastador, pero también lo abre a nuevas fuerzas, autonomía e independencia. De hecho, una empático autoempoderado, independiente y asertivo, es uno de los tipos de personas más fuertes que pueda conocer. Hay mucho más que decir aquí, pero cubriremos más sobre este tema en el Capítulo 6. Todo lo que debe tener en cuenta en términos de luchas diarias, es que no se cierre al amor y la intimidad en base a experiencias pasadas, y que adquiera el discernimiento, la sabiduría y la conciencia para saber la diferencia entre una verdadera alma gemela, o compañero empático en su longitud de onda, y un personaje tóxico narcisista o manipulador.

Adicciones y escapismo

Tanto la adicción como el escapismo, son parte integral de la personalidad empática y el viaje. Las adicciones pueden tomar muchas formas. Alcoholismo, exceso de televisión o "tiempo frente a la pantalla", drogas; tanto recreativas como farmacéuticas, comida, sexo, pornografía, lujuria, tendencias de tipo obsesivo compulsivas, formas repetitivas y poco saludables de pensar, cualquiera o todos estos pueden ser temas recurrentes a lo largo de su vida. Esto se debe principalmente a su necesidad de conexión emocional. No es un conocimiento nuevo aprender ahora que usted opera a una frecuencia emocional más alta que otras, y esto se confirma por sus dones y habilidades empáticas únicas. Su tendencia a volverse hacia la adicción, ocurre principalmente cuando pierde de vista su verdadero ser y se alejas de su esencia. Cuando está conectado con su verdadero yo, usted es amable, compasivo, consciente de si mismo, perspicaz, perceptivo y centrado; sus límites son fuertes e intactos, y tiene una asertividad y fortaleza poderosas; pero no invasivas para usted, combinadas con el poder propio y el estar contento consigo mismo. Sin embargo, en el momento en que comienza a perder el contacto con su "empático interior", usted puede comenzar a descender en un ciclo autodestructivo. Las diversas adicciones descritas son las manifestaciones de este efecto.

La adicción tiene un propósito temporal y breve: Un propósito creado como una especie de mecanismo de defensa y red de seguridad. Sus tendencias adictivas le permiten entrar dentro de si mismo y conectarse con el núcleo de su propio ser. Por supuesto, ninguna adicción es saludable, y esto ciertamente no hace ningún favor a su naturaleza empática; Sin embargo, lo ayuda a sentirse seguro dentro de su propia realidad. Recuerde que ser empático puede ser una experiencia sensorial muy elevada o incluso espiritual y algo mística y trascendental, la cual siente y conceptualiza intensamente, por lo que esto lo hace completamente entrelazado con su frecuencia emocional y su necesidad de conexión. Cuando, o si el mundo, se vuelve demasiado duro o sentir tan intensamente se vuelve demasiado para ser descubierto, usted entra en si mismo para salvarse de las ilusiones de otras personas o para mantener intacto su propio sentido de identidad personal. Esto lo lleva a su otra lucha diaria, el escapismo.

El escapismo para si mismo como empático, es exactamente como su nombre lo indica. Escapar es retirarse, y esto también significa que puede caer en la represión y rechazar inconsciente o conscientemente, ciertas partes de usted mismo. Todos tenemos una sombra, una "oscuridad" interna que a menudo nos gusta negar o reprimir. Pero es a través de la aceptación e integración de la sombra dentro de nosotros, que realmente podemos ver y encarnar la luz. Escapismo y caer en la adicción, son dos formas en las que con frecuencia usted busca rechazar su lado oscuro, al menos hasta que esté completo y curado. Por lo tanto, el equilibrio es muy importante para usted. Puede elegir escapar a un mundo de fantasía o ilusión por muchas razones, pero la intención es siempre la misma; para evitar una parte o partes de si mismo que no desea aceptar. La definición de escapismo es la tendencia a buscar distracción y alivio de las realidades desagradables. El entretenimiento excesivo o las adicciones, la fantasía y el sueño, son tres rutas clave para lograr esto. Sin embargo, estos no son saludables y no contribuyen a su naturaleza empática brillante y hermosa. Trabajar en su sombra y lograr un mayor equilibrio en todas las áreas de su vida, puede ayudarlo a combatir esto de manera significativa. Su sombra es una fuente de poder, de poder emocional, conexión y conciencia cruda y magnífica; así que no es de extrañar que se dirija hacia el escapismo cuando el mundo se vuelve demasiado para usted. Nuevamente, todo su sentido de valor e identidad está ligado a su poder emocional y conexión con los demás. El yo de la sombra es una encarnación de la luz y la oscuridad, la emoción y la vulnerabilidad, los lugares donde prospera cuando está en su mejor momento. Con suerte, comenzará a ver el vínculo entre caer en la adicción, el escapismo, y perder el contacto y la vista de su empatía y poder.

Sucumbir a los hábitos poco saludables

También usted lucha con patrones repetitivos y procesos de pensamiento que crean problemas y tensiones en la vida diaria. A continuación hay una introducción a estos.

1. **Feliz de curar a otros, pero lucha por sanarse a si mismo**

Su capacidad de compasión y empatía es realmente admirable. Sería feliz de pasar horas en un servicio atento y humilde a los demás, amigo y ser queridos o un extraño necesitado. Sin embargo, ¿aplica el mismo amor y devoción a usted mismo? ¡Yo considero que no! La autocuración es primordial en el viaje de una empatía y sin ella, puede caer en trampas negativas y ciclos no saludables.

Cómo contrarrestar: Dedique suficiente tiempo a curarse a través del cuidado personal y el amor propio. El masaje diario, las caminatas por la naturaleza y las actividades suaves, ayudan en gran medida a su bienestar emocional. Leer literatura o poesía espiritual, escuchar charlas motivacionales e inspiradoras de TED, podcasts o documentales, y participar en expresiones creativas y artísticas, también pueden ser gemas en su vida. La búsqueda y el trabajo del alma, son aún más eficaces para la naturaleza empática, pues lo ayudan a sintonizar con su verdadera esencia y le recuerdan su valor, poder y grandeza. También pueden ayudarlo a superar cualquier problema sombrío o bloqueo que pueda estar enfrentando.

2. **Incapacidad para relajarse y dejarse llevar.**

Rendirse a su viaje debe ser un mantra diario para usted como empático. Su incapacidad para relajarse se deriva completamente de su necesidad de ser empático. Puede sonar extraño, ya que un empático es quien es; pero el deseo perpetuo de mantener el espacio, ser un oído atento o asumir el papel de un consejero sabio, a menudo lo deja con una ligera disposición nerviosa. Puede sentirse ansioso, estresado o nervioso sin razón aparente, y además se impone obligaciones y responsabilidades intensas. Usted siente que es su deber ser el fuerte para aquellos que ama. Esto crea una pesadez que puede hacer que se sienta relajado y tenso.

Cómo contrarrestar: para usted, lo mejor que puedes hacer es sumergirse en la creatividad. Baile, domine un instrumento musical, dibuje, pinte o emprenda una artesanía artística. También puede hacer uso de su imaginación. Todas estas cosas son excelentes para relajarse y dejarse llevar, ya que lo conectan con su niño interior, el aspecto de su espíritu libre y amante de la diversión. ¡Es una ruta simple pero poderosa hacia la curación, la alegría y la satisfacción interior!

3. **Límites débiles**

Sus límites débiles serán un problema durante toda la vida hasta que sucedan algunas cosas diferentes. Seguramente lidiará con al menos un narcisista en su vida, y muy probablemente entrará en algún enredo kármico y energético inconsciente con uno. También atraerá personajes tóxicos como tomadores y "vampiros de energía", o al menos personas totalmente egoístas y no empáticas que muestren elementos fuertes de narcisismo. Además, se encontrará sufriendo o luchando y absorbiendo continuamente las cosas de los demás. Esto puede ser problemas, ilusiones, malos deseos, energía negativa, emociones y traumas. Usted es una esponja psíquica y emocional, así que espere todas las cosas que vienen con límites débiles (¡Hasta que te sane!).

Cómo contrarrestar: ejercicios y actividades prácticas para fortalecer el aura. Trabaje con cristales y piedras preciosas especiales, ya que ayudan a *elevar su vibración*, a centrarse y a aterrizar. Hablando de aterrizar, pasar tiempo en la naturaleza e incluso caminar descalzo (¡Donde sea seguro!), son caminos muy efectivos para sentirse fuerte y alineado. La naturaleza basa su energía y le permite sentirse conectado y seguro dentro de su propio cuerpo, su entorno físico y el mundo que lo rodea.

4. **Aversión a ruidos fuertes y espacios abarrotados**

Esto puede no parecer un hábito poco saludable a primera vista, pero su fuerte y profundamente arraigada aversión a los ruidos fuertes y el espacio abarrotado, puede crear algunas respuestas y reacciones habituales significativamente perjudiciales. Cuando usted está rodeado de muchas personas, puede sufrir tensión nerviosa o ansiedad. También puede salir de su centro, perdiendo su sentido de autoalineamiento y autonomía, y con esto viene una disminución de la confianza. Su autoestima puede verse cada vez más afectada si no aprende a centrarse y permanecer fuerte en su verdad, así como sus límites personales. Lo mismo es cierto para los ruidos fuertes: Lo sacan de su sentido de seguridad y comodidad, lo distraen y disipan su energía en varias direcciones.

Cómo contrarrestar: los límites son la clave aquí, pero también lo es saber cuándo es el momento adecuado para socializar o salir y cuándo realmente necesita pasar tiempo solo. Las actividades introspectivas son increíblemente curativas y fundamentales para usted. También se beneficia enormemente de mantenerse alineado con su propio ambiente, lo cual se puede lograr a través del canto. ¿Por qué no elegir una canción que lo mantenga feliz, optimista y positivo con su mente sintonizada, y así cantarla mientras camina por espacios llenos de gente? Para mí personalmente, "The Bear Necessities" y "Hakuna Matata" siempre funcionan.

5. ¿Ansiedad y depresión?

Muchos empáticos experimentan etapas de ansiedad y/o depresión, especialmente cuando son jóvenes y posiblemente en la edad adulta. Ambos trastornos mentales, nacen de su capacidad de ser una esponja emocional y un "vertedero" extremos. Usted es increíblemente sensible, hasta que haya aprendido a controlar y ajustar sus sensibilidades, este regalo seguirá dando como resultado patrones y comportamientos poco saludables. Es posible que no sufra depresión real, sino que muestre tendencias depresivas. Esto sigue siendo extremadamente malo para su salud, por lo que aprender a superar los trastornos y síntomas de ansiedad y depresión, permitirá que brillen sus verdaderos dones empáticos y su naturaleza.

Cómo contrarrestar: ¡lea el próximo capítulo!

Capítulo 5: Manténgase empático sin quemarse

Acéptese a si mismo

La noción de que los empáticos son demasiado sensibles, es un tema común tanto en su vida como en la mentalidad colectiva de la sociedad. Sin embargo, nuestros pensamientos tienen un gran poder, y es la creencia y la proyección continua lo que puede crear el "peso" asociado con esta creencia misma. No está mal ser y sentirse sensible, ni es algo de lo que deba sentirse avergonzado y culpable. Tampoco tiene que cambiar quién es o ser menor para acomodar o apaciguar a otras personas. El apaciguamiento y la satisfacción de las personas es un tema clave a lo largo de su vida. Su impulso innato y su deseo de ser "todo para todos", pueden hacerlo sentir agotado y sin energía. Aunque no es una forma directa de no aceptación, esto conduce a una especie de no aceptación de uno mismo, ya que literalmente sacrifica partes de su propio y propio valor e identidad para apaciguar o complacer a los demás. Se convierte en cien cosas diferentes y versiones de si mismo para varias personas, o bien podría caer en la trampa de sentir que tiene que jugar al camaleón y cambiar su personalidad en consecuencia. Esto puede tener sus beneficios, asumir un papel similar al de un camaleón puede generar mucho crecimiento y conexión, y además permitirle acceder a su empatía interna; pero en general, adaptarse tan frecuentemente, de manera inevitable lo hace perder partes de su verdadera identidad personal y propia.

Ser tan adaptable es tanto una bendición como una maldición. Sin embargo, con respecto al tema de la no aceptación, debe comprender que su autoestima, fortaleza, autoestima, salud y obsequios, están estrechamente relacionados con las personas que lo rodean, o con aquellos a quienes elige dar su tiempo y energía. Todos somos uno, interconectados y unificados de una manera sutil, es bueno tener en cuenta esto aquí. Su empatía está profundamente entrelazada con sus emociones y las emociones de quienes lo rodean. Mezclada con su atracción inherente hacia la fusión, la vinculación emocional y su deseo genuino de usar su empatía para sanar, inspirar, elevar o proporcionar comodidad, su estado vibratorio de salud y bienestar afecta a las personas más cercanas a usted. Veamos algunos ejemplos.

1. Usted es feliz, inspirado, positivo y optimista. Esto se agita activamente para que los que lo rodean sean optimistas y positivos. Puede cambiar el tono o el estado de ánimo de una habitación o escenario social, simplemente a través de sus propios sentimientos y

energía. Otros a su alrededor pueden inspirarse, estimularse o conectarse con sus dones artísticos y ser creativos en su presencia.

2. Usted es suave, perceptivo y totalmente conectado con su empatía interior. Esto significa que otras personas a su alrededor están influenciadas, silenciosa pero poderosamente. Estar en un espacio tan receptivo e introspectivo, permite a las personas que lo rodean estar más en sintonía con sus propias emociones y feminidad. La receptividad y la pasividad son cualidades femeninas, y esto no tiene nada que ver con ser hombre o mujer. Las manifestaciones físicas pueden incluir a otros que se energizan e inspiran cambiando el tema de conversación, o sugiriendo ver un documental o video educativo basado en la compasión. O, ellos mismos pueden comenzar a cambiar e iniciar cualidades parecidas a la empatía que se reflejan en la dinámica del grupo.

¡Nunca ignore el pequeño agujero en el bote!

Averigüe qué lo drena, qué lo quema y "cuántos agujeros hay en su bote". Imagínese como un barco que navega con gracia a través del mar... Se ve que el océano y las aguas del mundo representan nuestro subconsciente, las vastas y profundas aguas infinitas donde surgen todas nuestras creencias, identidades, pensamientos e impresiones. Nuestras emociones también nacen del agua, y se dice que las emociones mismas son de naturaleza acuosa o del elemento agua. En términos de ser equiparados con un "barco", entablamos relaciones todos los días, y también tenemos una relación con nosotros mismos. Somos esencialmente los dueños de nuestras propias vidas y de nuestro propio destino, por lo que reconocer su capacidad y competencia para dirigir su propia nave; por así decirlo, es lo que le permitirá vivir mejor su vida. Debería verse como un barco o bote con muchas vidas a bordo. Usted es el capitán, y por lo tanto, es responsable de las personas en el barco; sin embargo, ¿qué sucede cuando hay un agujero o hay muchos agujeros? Por supuesto que todos corren el riesgo de ahogarse. Un pequeño agujero podría provocar la desaparición de todos e incluso podría hundir todo el barco.

Esto puede sonar extremo, pero la verdad es que como empático, usted una responsabilidad considerable. Sus emociones y su estado de ánimo, influyen en todos los que lo rodean. Sus intenciones sutiles irradian hacia afuera para afectar el estado de ánimo general del "ambiente" de la sala, la reunión o el entorno físico. Sus pensamientos, intenciones y sentimientos son poderosos, y está conectado con todos a través de un reino sutil e invisible. Pero este reino oculto e "invisible", es muy real, da forma, crea e influye en la realidad física tal como la conocemos y definimos. Son nuestras experiencias las que se manifiestan a través de las emociones y los poderes sutiles del pensamiento y la mente. Por lo tanto, encarnar una frecuencia e inteligencia emocional tan evolucionada y sobrealimentada, significa que usted naturalmente es poderoso e influyente. No busca ganar poder o control sobre otros, como algunos personajes narcisistas o demasiado dominantes; lo hace de forma natural y casi sin esfuerzo. El poder de su mente, corazón y emociones, son suficientes para dejar a quienes lo rodean sintiéndose amados, consolados y empoderados, o deprimidos, distorsionados, menos que alegres y con una inspiración optimista. En resumen, su estado de ánimo influye en los estados de ánimo de los demás.

Obtenga mucho "tiempo para mí"

Pasar tiempo solo es esencial para su salud y bienestar. Esta es posiblemente una de las cosas más importantes y fundamentales a tener en cuenta como empático, junto a los puntos expresados a continuación en la siguiente sección de este capítulo. Debido a su naturaleza generosa, caritativa y servicial, con frecuencia se encuentra agotado en energía. Las personas, las interacciones y situaciones sociales excesivas, pueden agotarlo mucho más que la persona humana o extrovertida promedio. Usted capta los pensamientos, las emociones, las impresiones sutiles y las proyecciones de los demás, y esto lo deja sintiéndose agotado, cansado y deprimido. ¡Usted el combustible para el fuego de todos! Esto no se dice de una manera egoísta, engañosa o absorta: La verdad es que usted es una luz guía, y además mantiene la luz y la frecuencia energética de una habitación o espacio. Su familia también puede reconocer esto e ir hacia usted cuando sea mayor, cuando necesite un consejo compasivo y empático. Sus amigos y compañeros, ciertamente saben que usted es el único en el que siempre pueden confiar para obtener palabras sabias, un apoyo amable y gentil, así como un oído atento. Pero todo esto significa que puede consumirse y regalar demasiado de si mismo...

Es sólo cuando está completo y equilibrado por dentro; con felicidad interior y armonía, que usted puede reflejar y proyectar la empatía hacia afuera.

Mi tiempo es una oportunidad para recargar sus baterías y reponer sus niveles de energía. Es sólo cuando estás completo y equilibrado por dentro, con felicidad y armonía internas, que usted puede reflejar y proyectar la empatía hacia afuera. Pasar tiempo a solas, comer solo, tomarse el tiempo suficiente para descansar y rejuvenecerse, y establecer un tiempo para introspección y actividades creativas o artísticas, son las mejores maneras de recargar sus baterías y reponer su "empatía interior". Recuerde que su empatía interna es un plan; una codificación única y específica de información responsable de la forma en que piensa, siente e interactúa con los demás. ¿Cómo espera ser la mejor versión de si mismo para los demás; y sanar, inspirar e influir a través de su amabilidad y compasión, si no se está cuidando? Sacrificar sus propias necesidades no es saludable ni beneficioso para nadie. En realidad, es extremadamente perjudicial y destructivo. Por lo tanto, comprometerse con las cosas enumeradas, es una forma segura de éxito para lograr la armonía personal que usted merece y desea.

1. *Pase tiempo a solas*: Coma solo, medite, salga a caminar por la naturaleza, mire documentales inspiradores, lea o simplemente relajase con su música favorita. Somos seres humanos, no hacedores de humanos, por lo que tomarse el tiempo para serlo es increíblemente poderoso para sus niveles de energía y autoestima. Crear la creencia o la

mentalidad de que usted necesita hacer y participar constantemente en la actividad mental, o mantener y encarnar perpetuamente una cierta frecuencia emocional para el beneficio de los demás (O del mundo en general, ¡Como lo hacen muchos empáticos!) , no es suficiente para usted, para ponerlo mas simple. Este puede disminuir los sentimientos de autoestima, y contribuir a la disminución de su autoconfianza y autoempoderamiento. Además, es a través de la *soledad consciente*; es decir, no sucumbir al escapismo o los hábitos y comportamientos autodestructivos, donde su luz realmente puede crecer y brillar. Esto te permite ser empático cuando eliges socializar e interactuar con familiares, amigos o compañeros.

2. *Tómese el tiempo para descansar y rejuvenecerse*: Regrese y lea las secciones sobre luchas diarias y hábitos poco saludables del capítulo anterior. Cree un tablero de visión o un mapa mental con soluciones efectivas y estrategias de autoayuda que lo ayudarán a relajarse mejor. Además, los consejos de amor propio y cuidado personal en la siguiente sección se aplican directamente aquí.

3. *Actividades introspectivas*: La introspección es muy importante como empático. Sin embargo, la introspección no debe confundirse con la introversión. Ser introvertido es ser tímido y reservado o preocuparse por los propios pensamientos y sentimientos, en oposición a los entornos y situaciones externas (y otras personas). La introspección es una forma de autoanálisis y examen de sus propios procesos mentales, emocionales y psicológicos (o espirituales). Las actividades introspectivas, en adelante, ayudan a alinearlo y conectarlo con su propia esencia y ser verdadero. La búsqueda del alma y la alineación espiritual se pueden lograr a través de la introspección, al igual que el autodesarrollo en muchos aspectos de la vida.

4. *Sumérjase en una expresión creativa y artística*: Todo lo que se expresó en el primer capítulo debe recordarse y reevaluarse aquí. No hay nada más restaurador y curativo para una empático que la autoexpresión creativa y artística. Su imaginación es avanzada y afinada, y esto significa que debe energizarla perpetuamente. Danza, arte, fotografía, artesanía, música, ¡Hágalo todo, querido empático! La creatividad energiza su alma y eleva su espíritu. Puede ayudar a superar la ansiedad, la depresión y cualquiera de las luchas diarias mencionadas anteriormente. También ayuda a potenciar su naturaleza empática, ya que gran parte de su empatía está conectada a su capacidad de pensamiento ingenioso. Su mente y emociones están en sintonía con una frecuencia más alta, un reino y una dimensión donde las influencias subconscientes y las formas sutiles de pensamiento son ricas. Usted es infinito con un potencial infinito y la creatividad es la fuente de la creación.

Si alguna vez tiene dudas, repita este mantra: *"Al darme tiempo de calidad, estoy en mejores condiciones de dar mi tiempo y energía a los demás. Mis sensibilidades son una fuerza y una superpotencia, pero sólo cuando se canalizan sabiamente, y en armonía con mis mejores intereses, necesidades y deseos. El amor propio no es egoísta, ni es malo. Cuando me doy espacio para brillar, permito que otros hagan lo mismo. ¡Todos somos uno y estamos interconectados!*

El amor propio es autocuidado

El amor propio es cuidado personal y el cuidado personal es amor propio. También lo son el autoestima, contribuir a su autonomía y al crecimiento de su mentalidad. Ya se ha establecido que usted tiene una naturaleza curativa, y una gran parte de ser empático reside en sus capacidades curativas. Muchos empáticos incluso se convierten en sanadores intuitivos, terapeutas, psíquicos, consejeros espirituales o guías de algún tipo. Hasta ahora se ha cubierto una gran cantidad de amor propio y cuidado personal, por lo que en esta sección nos centraremos en el poder y la importancia de la dieta. Una vida limpia y una alimentación saludable, son las mejores rutas para mantener su vibración energética y mantenerse alineado con su esencia empática. Debido a que la empatía es un estado de ser, y la conciencia que nacen de las emociones y la conexión emocional, beber mucha agua y mantener su vaso físico limpio y puro es esencial para su bienestar y su capacidad de prosperar como empático. Todos somos canales, vasos de conciencia y emociones. Sólo por esta razón, hay ciertos alimentos que puede incorporar a su dieta para ayudar a aumentar su vibración. Veamos esto ahora.

1. Verdes frondosos

Los verdes frondosos oscuros aumentan su vibración. Son altos en fuerza de vida, nutrientes y contenido de agua, y pueden ayudarlo a mantenerse lleno mientras se siente ligero de manera simultanea. También tienen un efecto positivo en sus emociones, debido a que son naturales y una fuente primaria de alimentos. Como la mente, el cuerpo, el espíritu y las emociones están diseñados para funcionar en armonía, comer verduras de hoja verde tendrá un profundo efecto en su bienestar emocional y fisiológico, así como en su salud física y psicológica.
Las hojas verdes incluyen: espinacas, lechugas, col rizada, rúcula, acelgas, brócoli, hojas de mostaza y col rizada.

2. Alimentos vivos crudos

Todos los alimentos vivos crudos, como los brotes y los brotes de vegetales, son perfectos para su salud y bienestar emocional. Esto se debe a que estos alimentos lo ayudan a desarrollar una conexión con el espíritu y el mundo natural, y lo mantienen funcionando a una alta frecuencia emocional. Todos los seres vivos tienen una esencia espiritual-energética, y los veganos y los involucrados espirituales lo reconocen. También mejoran su intuición debido a la intención de comer alimentos que son naturales y vivos. Los alimentos crudos vivos también contienen la mayor cantidad de enzimas naturales. Las enzimas ayudan a eliminar las toxinas del cuerpo, aumentan la digestión y son la fuerza vital esencial de los alimentos.

3. **Aguacates**

Los aguacates están cargados de nutrientes saludables y nutritivos, vitaminas y minerales, y también contienen grasas monoinsaturadas saludables. Tienen antioxidantes que pueden ayudar en muchas funciones corporales, como la salud ocular y cardíaca, y tienen un efecto positivo en su bienestar y percepción. La razón por la cual se incluye el aguacate aquí es por su importancia en el vegetarianismo. Como habrá notado, no hay "carnes" incluidas aquí. Esto se debe a la conexión intrínseca que tiene comer animales con la conciencia, la conexión emocional y espiritual. Sus células "saben" y son profundamente inteligentes. La conciencia corre por sus venas y sus células, tal como fluye por su mente. Los aguacates tienen una fuente tan rica de proteínas y grasas buenas, que pueden formar parte de una dieta equilibrada, saludable y compasiva; ¡Perfecto para su naturaleza empática!

4. **Maca**

La maca es un superalimento que se encuentra en el Perú. Proporciona energía, vitalidad y sustento, y tiene una gran fuerza vital. También se sabe que aumenta la vitalidad sexual y la libido, lo que puede ser muy beneficioso para superar la alimentación emocional, algo que a menudo se asocia con ser empático. Una de las principales razones por las que la maca es beneficiosa, se debe al efecto estabilizador que tiene sobre las emociones. Puede actuar como un regulador hormonal y equilibrador, por lo tanto, proporciona estabilidad emocional, de salud, energía y vitalidad simultáneamente. La maca generalmente se consume en batidos o cuando se espolvorea en ensaladas y a menudo se conoce como un superalimento.

5. **Nueces**
¡Hay una razón por la que las personas llaman a esto la nuez del cerebro! Todos los frutos secos son buenos para mantener sus cualidades emocionales acuosas alineadas y fuertes, sin embargo, las nueces son una de las mejores. Tienen un efecto increíble en su cerebro, y por lo tanto, en el bienestar psicológico y mental que influye intrínsecamente en sus emociones, además, debido a la gran fuerza vital y la esencia natural de las nueces, estas pueden mantenerlo espiritualmente en sintonía y perceptivo (Lo que afecta positivamente su intuición, lo cual a su vez influye en su bienestar emocional). Las nueces tienen una de las composiciones antioxidantes más altas de todas las especies de frutos secos, por lo tanto, incluirlas en su dieta ayudará a reducir y eliminar cualquier estrés asociado con el tratamiento de personajes tóxicos, tales como vampiros y narcisistas energéticos, o con sensibilidad en general.

6. **Batidos de Superalimentos**

Los batidos de superalimentos, son una de las mejores maneras de mantener fuerte su salud emocional, psicológica y espiritual. Los mejores tipos de leche para usar son las leches orgánicas y naturales de nueces o leches sin lácteos, tales como la leche de cáñamo, almendras, anacardos, avellanas, coco o soja. Estas se pueden mezclar con una variedad de frutas y superalimentos. La chlorella, la espirulina, el pasto de trigo, la lúcuma, el baobab y la moringa (y la maca), son alimentos que deben introducirse en su batido, ya que son muy buenos para su constitución. También son ricos en fuerza vital, nutrientes y energía, ya que en realidad ayudan en la conexión emocional y la conciencia.

7. Superfrutas

Al igual que los superalimentos, las superfrutas son muy efectivas para ayudarlo a prosperar emocionalmente. Las superfrutas incluyen fresas, frambuesas, arándanos, bayas de goji, arándanos dorados, grosellas, moras y cualquier otra baya con la que se encuentre. Estas lo conectan con el mundo natural y una vibración natural, y simultáneamente, son altas en fuerza vital (energía universal). Son puras y pueden ayudar en sus habilidades intuitivas y creativas debido a su aspecto natural y acuático. El agua es la fuente de la vida y la fuente de sus deseos y necesidades emocionales. Hay personas que viven sólo de frutas, estas personas se llaman fruitarias. Aunque no estoy sugiriendo que se convierta en uno, ¡Los fruitarios son algunas de las personas más felices y saludables del mundo!

8. Hongos medicinales

Uno de los alimentos más potentes y saludables para que consuma, son los hongos medicinales. No sólo son altos en fuerza vital y contenido de agua, sino que también están fuertemente vinculados a otros tipos de hongos que ayudan a expandir su conciencia y ver la vida de una manera unificada, espiritual e interconectada. Los hongos medicinales incluyen Reishi, Oyster, Shitake, Maitake, Lions Mane, Cordyceps y Chaga. Pueden consumirse como té, comerse o tomarse como suplementos.

9. Cacao

El cacao también se conoce como chocolate crudo y es extremadamente bueno para problemas emocionales o desequilibrios. El cacao es rico en antioxidantes, alto en nutrientes y generalmente lo hace sentir bien. ¡Lanza endorfinas felices! Una cosa interesante que debe saber sobre el cacao, es que cuando lo bebe, ya sea en un batido o en un chocolate caliente, la planta deja su rastro al lado de su vaso; esto parecen raíces. Esto muestra cuán alta es la fuerza vital, y cómo consumirla puede mejorar su bienestar psicológico y espiritual. Es una fuente de alimento profundamente estimulante espiritualmente; al igual que los superalimentos, las superfrutas y los hongos medicinales. Claro está que conectarse con su espíritu o alma interior, puede tener efectos maravillosos en su salud emocional y la forma en que se siente.

10. **Alimentos orgánicos o integrales**

Cualquier alimento orgánico o integral, es una fuente de alimento que ha venido de la tierra, es perfecto para una naturaleza emocionalmente inclinada (y desequilibrada). Cuando está buscando hacer un cambio de por vida y sanar los problemas emocionales para siempre, es muy importante que tenga siempre presente su ser holístico. Una dieta no es sólo una solución a corto plazo, una dieta es un estilo de vida. Los frijoles, hortalizas, legumbres, verduras, nueces y semillas, se consideran alimentos integrales; por lo tanto, pueden integrarse en su dieta para un efecto duradero. El pescado, las carnes magras y los mariscos, son opciones de carne mucho mejores que la carne roja o la que ha sido procesada de forma comercializada. Las granjas industriales y gran parte de la carne que se vende en la sociedad occidental, tienen muchos efectos perjudiciales para la salud. Esto no sólo le afecta físicamente, sino que también tiene graves efectos negativos en su salud emocional y psicológica. Exploremos esto más en la siguiente sección.

11. **Agua pura y limpia**

Aunque no es comida, se debe incluir agua pura y limpia. Esto se debe a que uno de los aspectos fundamentales del sufrimiento por la alimentación emocional o las tendencias adictivas, es que las emociones son de naturaleza acuosa; su fisiología elemental es el agua. Consumir demasiada comida, o los tipos incorrectos de comida, puede dejarlo agotado, emocionalmente cerrado y con una intuición nublada. El agua es curativa, cura y limpia el sistema. Sólo un ayuno de agua de 3 días, puede limpiar y "desintoxicar" el hígado, y un ayuno de agua de 7 días puede comenzar la regeneración celular y poner en marcha su sistema inmunológico.

Además del ayuno, el agua es la fuerza vital en estado puro, y es el elemento agua el cual puede proporcionarle una intuición y sensibilidad tan afinadas. Si alguna vez sufre de emociones pesadas o de mal humor, el agua puede cambiar el juego. Asegúrese de que el agua que bebe sea purificada, de montaña o de manantial, así como filtrada; o incluso mejor, de ósmosis inversa.

Alimentos "de baja vibración" VS alimentos "de alta vibración": ¡Sepa la diferencia!

Estar iluminado es ser consciente, intuitivo, inteligente, perspicaz, perceptivo y conectado a su propia fuente de poder espiritual y conocimiento. También significa estar conectado a su cuerpo, consciente tanto del cuerpo físico que lo sostiene, como del planeta que le provee. ¡La iluminación inherentemente involucra sentimientos de ligereza, y esto no puede ser cuando se siente pesado o insalubre! En cuanto a este aspecto, existe una profunda conexión entre la confianza, la autoestima, el empoderamiento y la encarnación de la luz, la dieta y la empatía. La comida es una fuente de energía, ¿con qué energía se está llenando? La clave para terminar con la alimentación emocional adictiva que a menudo se sufre, no radica necesariamente en las calorías, el contenido de nutrientes de los alimentos o la cantidad de ejercicio que haces La clave está en la espiritualidad: Su conexión con la vibración más poderosa en este planeta: El amor. El amor es la vibración más fuerte y el amor es la compasión, una conexión con su yo superior o mente, y una conciencia de la naturaleza interconectada de la vida. Los animales también son almas sensibles, y no saber esto; o elegir dejar a un lado esta verdad por un deseo humano singular como el gusto, es lo que puede impedir que prospere en la autoalineación. Por supuesto, cada persona es diferente; por ejemplo, los atletas auto dominados, dedicados e increíblemente comprometidos entre nosotros, pueden necesitar carne debido a su estilo de vida. Sin embargo, para la mayoría de nosotros, comer animales puede ser una excusa para no tener la fuerza y la fuerza de voluntad para elegir una mejor manera.

Pero, hay más en la historia de la carne que la compasión, el sentimentalismo y la espiritualidad. También existe la realidad del chi, la fuerza vital y el efecto real e intrínseco que el consumo animal tiene en nuestra salud mental, emocional y psicológica.

Fuentes alimenticias y Chi

Chi es el término utilizado para describir la energía universal de la fuerza vital que fluye a través de todos los seres vivos. Es en las frutas y verduras que comemos, los animales, el sol, el mar y las aguas del mundo, el aire y en nosotros mismos. Chi es invisible pero muy real. Los artistas marciales, por ejemplo, han sido conscientes del chi y su poder durante miles de años. Algunos de los mejores artistas marciales y maestros de kung fu obtienen su poder y habilidades únicas solámente de su conciencia y cultivo del chi. ¡Es la fuerza responsable de la fuerza interna central, una mente infundida de paz y claridad, y la capacidad de romper pedazos de madera con una mano desnuda o con dos dedos! Sin embargo, el chi no sólo es sinérgico con estos increíbles regalos. Chi también es responsable de nuestra propia confianza, autoestima, autoempoderamiento interno y salud mental y emocional. Cuando nos sentimos bien, generalmente queremos comer menos, o sólo alimentos saludables que sabemos que son buenos para nosotros. Proporcionan una fuente de alimento emocional, mental, espiritual y físico que no podríamos obtener de alimentos llenos de químicos artificiales y conservantes, ricos en grasas o carbohidratos, o cualquier cosa que no contenga una fuerza vital activa y vibrante. Esto, por supuesto, tiene una influencia directa y profunda en su empatía innata.

Alimentos con alta fuerza vital / chi:
• Frutas, verduras, nueces y semillas.
• Legumbres, frijoles, hortalizas y granos.
• Alimentos orgánicos y enteros.
• Aceites naturales como el cáñamo, coco, linaza y oliva.
• Hierbas y suplementos herbales.

• Alimentos veganos a base de plantas, en su mayoría orgánicos (¡Todos! ~ Sin procesar)

Los "ciclos primarios y secundarios"

Algo que no es muy conocido son los ciclos primario y secundario. Esto se refiere a la cantidad de chi y la fuente directa de energía en los alimentos que comemos. Ahora, esto no se refiere al veganismo o vegetarianismo, ni a ninguna de las filosofías detrás de ellos (¡Aunque no hay nada de malo en ser compasivo!). Sin embargo, esto está relacionado con la dura verdad de que cuando comemos alimentos integrales orgánicos que provienen directamente de la tierra, la fuente de alimentos se encuentra en su ciclo primario. En otras palabras, los nutrientes, las vitaminas y los productos químicos naturales que se sienten bien provienen directamente del aire, el sol, la tierra y la lluvia. Se puede ver que tienen más chi. La mayoría de los animales, si elegimos comerlos, están en su ciclo secundario, reciben su energía al comer cultivos. Una vez que consumimos los animales, por lo tanto, muchos de los nutrientes y elementos esenciales de las fuentes de alimentos a base de plantas ya se han digerido y metabolizado. Por supuesto, comer animales que son carnívoros hace que nuestra fuente de alimento sea terciaria; la comida que consumimos para mantenernos ha pasado por otro ciclo.

En esencia, elegir una dieta que se haya creado únicamente a partir de los elementos de la naturaleza y que tenga un alto contenido de fuerza vital, significa la mejor vibración posible para nosotros. Se puede ver que toda la vida se mide en términos de vibración, frecuencia y energía, por lo que consumir alimentos que han sufrido un gran trauma, dolor y sufrimiento en última instancia, significa que absorbemos la frecuencia y la vibración de ese trauma, dolor y sufrimiento. En otras palabras, cualquiera que sea la vibración de la comida, la misma vibración nos será transferida cuando la consumamos. Esto es terrible y severamente perjudicial para su salud emocional y bienestar. ¿Podría ser que comer demasiada carne y absorber los traumas de los animales es lo que lo detiene? Además, quizás esta es la razón por la cual muchas personas que comen cantidades excesivas de carne tienen más probabilidades de estar enojadas, impacientes e irritables, y desconectadas de su sentido de conciencia espiritual. O al menos, tienen el potencial de serlo. Comer "comida" que ha pasado por dolor, sufrimiento y traumas antes de que llegue a nuestras bocas, significa inevitablemente que el trauma se almacena en las células del animal. Recuerde, la mente, el cuerpo, el espíritu y las emociones son un sistema interconectado. Esto significa que antes de la muerte, todos los sentimientos de miedo, dolor, abandono, traición, trauma y ansiedad se proyectan en las células del animal. Entonces comemos esto. ¿Ves el patrón?

Energía, frecuencia y vibración: "Alimentos de humor"

Ahora usted es consciente de que el cuerpo es un sistema complejo y holístico. También es posible que haya oído hablar de "alimentos de humor". Cuando comemos alimentos ricos en fuerza vital con una buena frecuencia energética (chi, energía natural, alta vibración) nos sentimos bien. Las neuronas positivas se transmiten y le dicen a nuestros cuerpos y nuestras mentes que nos sentimos saludables, felices y contentos. Hay un fuerte sentido de armonía, bienestar y satisfacción emocional. Cuando comemos alimentos ricos en azúcar, finalmente nos deprimimos. Los azúcares proporcionan un subidón temporal, pero es inestable. Irónicamente, crea niveles bajos de azúcar en la sangre, ya que no está recibiendo su glucosa naturalmente de frutas frescas y similares, por lo tanto, lo hace sentir bajo, de mal humor, irritable, infeliz e insatisfecho, y muchos otros sentimientos y emociones negativas. También contribuye a una baja autoestima y baja confianza. Las proteínas magras o naturales, los carbohidratos complejos y las fuentes alimenticias puras de sus vitaminas, minerales y aminoácidos esenciales, son la mejor combinación de dieta. Hay una razón por la cual las "gallinas felices" producen huevos felices. Las gallinas que han producido estos huevos, tienen libertad para correr y pasar tiempo en un entorno natural.

La verdad es que una alimentación limpia y una vida saludable, afectan directamente la forma en que vive e interactúa como empático. Usted es extremadamente sensible y estas sensibilidades no son exclusivas ni se limitan a las emociones o sentimientos de otras personas. Los alimentos, los productos químicos, los conservantes y la frecuencia energética de una fuente de alimentos, son todos poderosos en su fuerza, en su alza, y en su caída.

Establecer límites saludables

¡Límites es su nueva palabra de poder! Ser empático es difícil debido a su mayor sensibilidad, su conexión y funcionamiento emocional de mayor frecuencia. Por lo tanto, uno de sus principales problemas en la vida, es desarrollar y hacer amigos con los límites de la palabra. Al principio puede ser difícil, especialmente debido a su deseo innato de ser "el amigo de todos los necesitados" y ayudar a los demás de alguna manera; sin embargo, como usted sabe, esto lo deja agotado y sin energía, vitalidad y bienestar. Una de las piezas clave de la sabiduría a tener en cuenta, al aprender acerca de sus límites, son los descubrimientos recientes de la neurociencia y la física cuántica. Los neurocientíficos y los físicos cuánticos, han descubierto que de hecho, estamos gobernados por un aura, un campo de energía electromagnética que emite, transmite y recibe pensamientos, emociones e impresiones sutiles. Nuestras auras o campos electromagnéticos interactúan con otros, y esto no se limita sólo a otros humanos. Todos los seres vivos, desde las plantas; hasta las flores y cristales o rocas, tienen un campo áurico. Esto significa que esencialmente conversamos con otros en un nivel sutil en cada momento del ahora. Esto tiene algunas implicaciones profundas. Las emociones, la energía sutil, los dones espirituales y energéticos únicos, definen la empatía; por lo tanto, ser consciente del poder de su propio ser, puede ser el cielo o el infierno, literalmente. Aquí es donde entran en juego los límites.

Como verá más adelante, los narcisistas y otras personalidades tóxicas son imanes para su ambiente. Simplemente aman su energía, amor, compasión y belleza interior, pero no de una manera saludable. Esto significa que tener límites saludables y centrarse es esencial. Una de las cosas más efectivas que puede hacer, es participar en el fortalecimiento del aura y desarrollar ejercicios y actividades.

Ejercicios de protección del aura.

Una de las cosas más poderosas (y amorosas) que puede hacer por usted mismo, es proteger su aura. Para algunos, estas técnicas pueden parecer un poco "locas", pero la espiritualidad y la metafísica son una parte fundamental de la vida. Muchas de las personas que viven la vida de sus sueños, saludables, abundantes y felices; con un fuerte enfoque interno, protección y amor genuino por la vida, son aquellos que están en sintonía con su espiritualidad. Los ejercicios de protección del aura, por lo tanto, lo guiarán efectivamente en el viaje hacia la curación y la integridad, superando y saboteando nuestros pensamientos o comportamientos destructivos.

- **Trabajar con cristales**. Los cristales incorporan ciertas frecuencias energéticas que pueden interactuar con nuestros campos de energía para obtener un efecto deseado. Los cristales, por lo tanto, son extremadamente poderosos cuando desea fortalecer su aura, protegerse y desarrollar límites saludables. Veamos tres cristales principales que pueden ayudarlo en la vida cotidiana.

Turmalina negra: La turmalina negra se conoce específicamente como la piedra de protección. Esta está conectada a la tierra, proporciona una sensación de seguridad y confianza, y lo protege de cualquier energía 'oscura', dañina o negativa. Conectarse a esta piedra, puede ayudarlo a sentirse más fuerte por dentro y aumentar la sensación de confianza. Meditar, conectarse y simplemente usar un brazalete, colgante o collar negro de turmalina, literalmente lo protegerá de la energía e interacción no deseadas (¡Sólo recuerde que usamos cristales de cuarzo para alimentar relojes!).

Amatista: La amatista es particularmente efectiva para proteger su aura, ya que aumenta su sentido de intuición y conocimiento interno. La amatista es púrpura y tiene una sensación majestuosa. Por este motivo, puede mejorar su percepción, conectarlo con su mente superior y conocimiento interno, y ayudar a la claridad mental en la fuerza cuando se trata de personajes o situaciones desagradables. La amatista puede actuar como un escudo psíquico contra la energía negativa o dañina, en consecuencia, protegiéndolo a sí mismo. Una vez más, este cristal se puede usar como joyería o como piedra individual.

Hematita: La hematita es otra piedra fundamental, ya que ayuda a absorber la energía negativa y a proteger su campo de energía. Puede aumentar la confianza, aumentar su capacidad para transformar situaciones negativas en positivas y puede calmar la mente al responder al estrés, la ansiedad o la preocupación. La hematita también tiene un efecto en el cuerpo físico por su efecto electromagnético en las células. Puede ayudar en la desintoxicación, y fortalecer el hígado y la sangre, lo que le permite protegerse mejor. La hematita se puede transportar, sostener y conectar para la protección y fuerza en situaciones destructivas.

- *Autohipnosis*. La autohipnosis es similar a trabajar con cristales en los cuales su campo de energía magnética se fortalece y protege. Sin embargo, con la autohipnosis, su mente tiene un efecto directo en comparación con los cristales. Literalmente, puede volver a cablear y reestructurar su mente (A través de actividad neurológica, creencias y patrones de pensamiento y reacondicionamiento) la cual luego puede actuar como una herramienta para protegerlo de la energía dañina. Se puede ver que todo comienza en la mente, ya que la mente es la raíz de todos los problemas, preocupaciones, soluciones y manifestaciones de recuperación. La autohipnosis se puede realizar a través de muchos medios, como la reprogramación mental, mantras, meditación, atención plena, terapia de sonido, ritmos binaurales y música; reiki y curación de energía, y haciendo un esfuerzo consciente todos los días para realinear sus pensamientos y su enfoque interno. También puede ver a un hipnoterapeuta profesional y obtener información y direcciones a través de alguien con experiencia en su campo. La clave es recordar el poder de su mente y ser consciente de cualquier creencia inconsciente o subconsciente, que pueda estar limitando su perspectiva y manteniéndolo presionado. Una vez que se liberen estas perspectivas, su capacidad para protegerse a través de la mente, la intención y el pensamiento, sólo se volverá clara y amplificada. También puede amplificar sus dones empáticos a través de la conexión que la autohipnosis trae al subconsciente.
- *Conéctese con la naturaleza*. Conectarse con la naturaleza es posiblemente una de las formas más efectivas para protegerse y fortalecer sus límites internos. La naturaleza nos conecta con todo lo que es, expande nuestras mentes, aporta enfoque mental y claridad, cura las emociones, libera heridas y traumas, aumenta nuestro sentido del yo; y en consecuencia, la confianza, y generalmente conduce a una forma de ser realzada y mejorada. Desarrollar una relación especial con los elementos realmente puede ayudarlo a mantenerse fuerte, centrado y a establecer mejores límites.

Al igual que los límites físicos, los *límites mentales* son extremadamente importantes. ¿Alguna vez ha estado fuera de casa o en entornos sociales con gente nueva, y usted ha comenzado a sentirse extraño, ansioso y nervioso? El nerviosismo se apoderó, sintió que no podía ser usted mismo y que su mente tenía que protegerse... pero, ¿no pudo explicarlo? Esto se debe a que usted es muy sensible a los pensamientos e intenciones sutiles de otras personas. Incluso si la energía de alguien está un poco "apagada", la retomará. Puede sentir que aunque esta persona es amigable, extrovertida y que le gusta estar en una situación social, hay cierta fachada o falsedad. O tal vez tienen algunas creencias y opiniones muy poco saludables, destructivas y dañinas que construyen su campo de energía.

La mejor manera de lidiar con esto y prosperar en el proceso, es desarrollar fuertes límites mentales. Puede hacer esto de varias maneras, como a través del entrenamiento cerebral y ejercicios de fortalecimiento, técnicas y actividades para mejorar su intuición y capacidad psíquica o percepción espiritual, y más adelante trabajando con piedras preciosas especiales y objetos adivinatorios. La adivinación se conecta esencialmente con algún objeto o entidad natural que aumenta su conexión con lo divino. No tiene nada de sobrenatural, pero es sobrenatural (¡Sólo asociaciones positivas!).

La primera forma de ayudar a proteger su mente y fortalecer sus límites mentales, es trabajando con piedras preciosas o cristales especiales. La ciencia ha demostrado que los cristales se pueden usar para tener una serie de efectos positivos y que los cristales de cuarzo se han utilizado específicamente para alimentar relojes debido al efecto electromagnético y la conexión con el mundo natural. Los antiguos egipcios y muchas otras culturas antiguas, eran conscientes del poder de las gemas raras en sus habilidades de curación, y muchas personas hoy en día son cada vez más conocedoras y menos ignorantes en cuanto a sus poderes curativos. El otro método principal para ayudar con los límites mentales como empático, es participar en ejercicios diarios de meditación y atención plena. La meditación y la atención plena son dos de las formas más profundas para mejorar su sentido de sí mismo, permanecer confiado, alineado, centrado, y vivir su vida libre de interrupciones o daños externos. Como empático que está naturalmente en sintonía con algún aspecto espiritual, sutil o subconsciente de la realidad, es posible que no necesite la ciencia detrás de la meditación y la atención plena. Esto se debe a que aprende de la experiencia, realmente siente la belleza, la dicha y la maravilla al conectarse con su ser interior y los poderes mentales de la meditación. Sin embargo, con el fin de mantener el equilibrio, exploremos algunos de los estudios científicos que muestran el poder de la meditación y la atención plena.

Meditación

• Un estudio realizado por la revista Psychosomatic Medicine Journal of Biobehavioral Medicine, descubrió que la meditación de atención plena afecta positivamente el funcionamiento del cerebro y el sistema inmune, específicamente aumentando las emociones positivas. 1
• La investigación de la American Psychological Association, descubrió que la meditación mejora las emociones positivas y aumenta la bondad amorosa. 2
• Otro estudio compartido en la American Psychological Association muestra cómo la meditación aumenta la conexión social y la inteligencia emocional. 3

Atención plena

• La investigación publicada en Cognitive Therapy and Research (Volumen 28, número 4) muestra cómo la meditación consciente ayuda a superar la depresión. 1
• Un experimento de atención plena realizado por la Universidad de Stanford, descubrió que la atención plena para el cultivo de la compasión funciona. 2

En verdad, hay demasiados estudios para mencionar, sin embargo, todos muestran fundamentalmente el poder y los efectos de la atención plena y la meditación, para mejorar el yo y desarrollar la vida de alguna manera. Por supuesto, como empático, ¡Probablemente ya usted ya sabía todo esto! Esta es la belleza de su regalo.

1https://journals.lww.com/psychosomaticmedicine/Abstract/2003/07000/Alterations_in_Brain_and_Immune_Function_Produced.14.aspx
2 https://psycnet.apa.org/record/2008-14857-004
3 https://psycnet.apa.org/record/2008-13989-015
4 https://link.springer.com/article/10.1023/B:COTR.0000045557.15923.96
5 http://ccare.stanford.edu/article/enhancing-compassion-a-randomized-controlled-trial-of-a-compassion-cultivation-training/

Practique mantener los pies en la tierra

La conexión en la tierra es casi tan importante como tener límites saludables. Caminar descalzo sobre la hierba, la arena o el suelo, conecta su energía con la de la Madre Tierra, directamente con la fuerza vital de nuestro planeta. Es curativo, rejuvenecedor y restaurador. También hay una poderosa meditación de árbol que puede usar diariamente o semanalmente para realinear y armonizar su energía. La meditación a continuación, ayudará a centrarlo y ponerlo a tierra, permitiéndole además protegerse en situaciones perjudiciales o negativas. Sus sensibilidades pueden transformarse en una superpotencia en lugar de una carga. Su empatía también se ajustará inmensamente.

Meditación de árboles para la conexión terrestre interior

Visite su lugar natural favorito, un parque o campo local. Encuentre un lugar tranquilo o un lugar donde se sienta cómodo. Encuentre un árbol con raíces fuertes y un tronco grande, y siéntese con la espalda recta, descansando suavemente contra el tronco con las rodillas dobladas y los pies en el suelo. Es mejor realizar esto descalzo, ya que estar descalzo pone a tierra su energía con la tierra. (¡Piense en el chi y la fuerza vital!) Cierre los ojos y concéntrate en su respiración. Tome nota de todas las sensaciones a su alrededor, los sonidos, los olores (con suerte de la naturaleza), las sensaciones físicas y su conexión con este árbol fuerte y antiguo. Traiga su conciencia hacia dentro, sin dejar de ser consciente de su entorno. Una vez que esté tranquilo, pacífico y centrado en el interior, con una aguda conciencia de su cuerpo físico y sus alrededores, intente esto:

- Mientras respira, visualice una luz blanca o dorada que se equipara con su respiración. Observe cómo sube por su cuerpo desde los pies hasta la parte superior de la cabeza y vuelve a bajar. Haga esto durante 8-10 respiraciones profundas hasta que sienta que comienza a venir naturalmente.
- Luego, visualice la misma luz blanca o dorada que sube por el tronco del árbol, desde sus raíces hasta la parte superior de sus hojas y de nuevo hacia abajo. Visualice que esto le sucede al árbol mientras respira.
- Finalmente, sincronice su respiración, la visualización de la energía que viaja a través de usted, y sube y baja nuevamente, así como la visualización de la energía que sube por el árbol desde las raíces hasta las hojas, y regresa a la tierra en una sola. Combine las partes individuales en sinergia y sienta la energía fluir a través de usted y del árbol como uno sola.

Este ejercicio es muy poderoso para aterrizar, ganar fuerza interna y chi, y proteger su energía. Los efectos se pueden usar en varias circunstancias, y específicamente, ayudarán a responder e interactuar con personas tóxicas, a usar sus dones empáticos e intuitivos, y recuperar su confianza psicológica y espiritual. Se puede realizar a diario o de forma cíclica.

Crear una Bola Chi

El crear una bola de chi se puede usar en cualquier situación, en cualquier momento. Esencialmente está usando sus poderes mentales y su intención enfocada, para expandir y desarrollar el chi natural dentro y alrededor, y así conectarlo a una bola de energía. Esta bola de chi se puede usar para recargar y revitalizar cualquier aspecto de si mismo. Chi, como puede que usted sepa, es la fuerza vital universal que fluye a través de todos los seres vivos. Por ejemplo, digamos que está comenzando a sentir miedo o tensión nerviosa en una situación debido a su sensibilidad empática. Puede tomar unos minutos para cerrar los ojos, estar en paz consigo mismo y 'cargar' una bola de energía, y luego colocarla sobre su corazón o estómago (su estómago es su chakra sacro, el cual a menudo es complicado, doloroso, o del cual surgen emociones basadas en el miedo). Si alguna vez comienza a carecer de conocimiento, puede crear una bola de chi para su intuición y chakra del tercer ojo. Si comienza a cuestionarse, experimente viejos patrones de baja autoestima o problemas de confianza al absorber demasiada información, la bola de chi se puede crear para su chakra del corazón. ¡La clave es saber que esta bola de energía se puede crear en cualquier momento o en cualquier lugar, ya que la energía universal de fuerza vital siempre está disponible!

Para crear su bola de chi, visualice una hermosa luz dorada que crece dentro de sus chakras de palma. Sincronice su respiración, enfoque su intención y sienta realmente que esta bola de energía divina crece y se expande para su beneficio. Es un ejercicio muy efectivo para incorporar a la vida diaria, y puede usarse para mejorar la empatía, la vista, la intuición y cualquier regalo imaginativo, creativo e intelectual.

Puntos clave:

- Se puede usar en cualquier momento o lugar.
- Sólo toma unos minutos.
- Se puede utilizar para cualquier propósito o para mejorar cualquier falta de calidad.
- Visualice una bola brillante de hermosa luz expandiéndose entre sus manos ...
- Respire la bola de chi y observe cómo crece.
- ¡Colóquelo sobre cualquiera sus chakras para obtener el efecto curativo deseado!

Aprendiendo a reír

Como empático, puede ser muy fácil tomarse la vida demasiado en serio. Debido a que está acostumbrado a sentirse apreciado y amado por sus sabios conocimientos, sus naturaleza cálida y gentil, y sus dones empáticos (Una vez que haya crecido y encontrado a aquellos que lo aprecian), hay una tendencia a olvidar cómo balancear un intercambio y conexión serios, profundos y a nivel del alma con tal de *dejar ir todo y aligerarse*. Una de las principales razones por las que sufre cuando está cerca de personas, o fuera de su zona de confort, se debe a su hipersensibilidad; ¡Realmente no hay necesidad de ser tan sensible o tímido todo el tiempo!

Entonces, para ayudar con esto, aquí hay un consejo útil: *¡Sólo aprenda a reír!* No es una risa extraña, mala o rencorosa (Es posible que sepa que *todos somos uno* y que tenemos un corazón fuerte, pero no todos lo hacen). Pero me estoy refiriendo a una risa real, sincera y abierta, una risa que reconoce su unidad en una situación.

Todos son un reflejo de usted; todos somos espejos; y a veces, lo que realmente se necesita para liberar las emociones atrapadas y la energía bloqueada, es una risa genuina, profunda y real. Esto puede ser muy útil en muchas situaciones sociales y ayudarlo a tomar las cosas con calma. Combinado con los poderosos ejercicios de energía, debería encontrar que cualquier sentimiento de ansiedad, tensión o baja autoestima desaparece en poco tiempo. ¡Literalmente! Cuando se ríe, libera energía atrapada y la *eleva* a la luz consciente. Mucho de lo que está almacenado es inconsciente o reside en nuestro subconsciente; por lo tanto, en términos de ser empático, su falta de límites y dejar entrar energía dañina o negativa, puede surgir de no darse cuenta de que se está aferrando a pensamientos o emociones que no son suyos. La risa sacude las cosas y, posteriormente, le permite ver y sentir su propia energía.

Trabajando con sus sueños o el subconsciente

Mirar a su subconsciente; y en particular, a sus sueños, puede ayudarlo enormemente en su capacidad para desarrollar límites más fuertes y una mayor energía en la vida diaria. Como ya se dijo, usted es un explorador de sueños natural, ya sea soñando lúcidamente o explorando los mundos de los sueños a voluntad (conscientemente). Es en los sueños, donde usted tiene acceso a su subconsciente, y específicamente como empático, está en mejores condiciones que la mayoría, para sintonizar algún mensaje subconsciente o simbolismo universal para la curación y la comprensión. Esto puede afectarlo de muchas maneras y en muchos niveles. Cualquier problema con el que pueda estar sufriendo, como hipersensibilidad, problemas de autoestima o confianza, límites, problemas para decir su verdad, y entrar plenamente en su luz, puede superarse y curarse al permitir y estar abierto a recibir la sabiduría inherente a su subconsciente. Usted es inteligente e intuitivo y sus células "saben", son conscientes y conscientes. Es en los sueños donde una parte de ti se activa, activando algún aspecto de ti mismo que está actualmente en la oscuridad.

Otras formas de conectarse con su subconsciente, incluyen escribir un diario, redactar, expresarse a través de la terapia artística o la música, y el psicoanálisis o cualquier terapia holística. La terapia holística es importante para su naturaleza, ya que ser empático es una experiencia holística. ¡No es sólo tridimensional!

Discernimiento en desarrollo

Finalmente, una de las mejores formas de ponerse en contacto con sus superpoderes y vivir su mejor vida, es desarrollar el discernimiento. Ahora, como empático, esto puede ser difícil, ya que usted es un alma tan generosa y desinteresada; pero como usted es consciente, esto puede dejarlo agotado, víctima del abuso y a la voluntad de vampiros de energía, narcisistas y otras personalidades tóxicas. Fundamentalmente, el discernimiento llega a través de su intuición y sabiduría emocional avanzada. Sin embargo, sólo puede acceder a esto siendo fiel a usted mismo y conectándose a sus dones espirituales y psíquicos únicos. Ser empático implica inherentemente, un elemento psíquico y espiritual, ya que la empatía es literalmente sentir las emociones y sentimientos de otras personas, y en casos más avanzados, leer las mentes de los demás. Nuevamente, todos estamos conectados en un nivel sutil, y el poder empático está en la misma onda que esto. Hay muchas maneras de desarrollar el discernimiento, y con suerte, las técnicas y ejercicios compartidos a lo largo de estos capítulos pueden ayudarlo a hacerlo.

Capítulo 6 - Relaciones, carrera y transformación mundial

Una introducción

En mi segundo libro de la "Serie Empático" exploramos este tema en profundidad. Cubrimos carreras empáticas, asumiendo un papel de liderazgo dentro de sus comunidades y la sociedad en general, y todos los aspectos de las relaciones, ¡Incluidos los personajes tóxicos y cómo mantenerse alejado de ellos! Sin embargo, por ahora, analizaremos los fundamentos de lo que necesita saber.

¿Por qué los empáticos pueden ser el mejor amigo que podría tener?

1. Usted es compasivo y desinteresado. Siente lo que está más allá de la superficie y lo que está oculto, y esto lo convierte en una joya para sus seres queridos. A menudo ofrece orientación, asesoramiento y "extrae" aspectos de otros, tales como dolencias físicas y confusión interna. Puede elevar la luz de otras personas de manera significativa, además de hacerlo sin juicio ni ego. Realmente usted el mejor amigo que uno podría desear.
2. Usted posee la habilidad única de perdonar. Independientemente de cuánto dolor o mal le haya causado alguien, su empatía no tiene límites. Toda su personalidad y esencia están entrelazadas con su deseo de ayudar a los demás, y trascender aún más el dolor y el sufrimiento. Mientras que la naturaleza humana es ser principalmente egoísta e instintiva, usted busca satisfacer las propias necesidades y sucumbir a una respuesta de "supervivencia" y huida, miedo/lucha o huida, y por supuesto, nunca lo hará. ¡Usted es tan puro como alguien puede ser!
3. Usted pone las necesidades de los demás por encima de las suyas, usted está feliz de dar su última libra o artículo de comida, y de manera integral, busca mejorar la vida de todos. Usted eleva el ánimo y el espíritu de los demás a través de su generosidad y su naturaleza genuina. Otros se sienten seguros y amados a su alrededor, y saben que pueden contar con usted. Usted es una joya y una roca.

Empáticos en la relación amorosa

• Usted es un romántico. Como amante, usted es dulce, generoso y totalmente amoroso. Su naturaleza compasiva y desinteresada se proyecta en sus asociaciones íntimas, tanto, que a menudo puede gravitar hacia el sacrificio personal. Este puede ser un gesto positivo y amable, pero también puede ser perjudicial tanto para su propio crecimiento, como para la salud de las relaciones.

• Su pareja es una extensión de usted mismo. Cuando se entrega, se entrega completamente. También usted es uno de los pocos tipos de personas que creen y encarnan el amor del alma gemela. El karma y trascender, son parte integral de su camino de vida y viaje como empático, por lo tanto, permanecer en relaciones kármicas o tóxicas no es aceptable. Una vez que llega a una determinada etapa de su viaje evolutivo, sus relaciones comienzan a operar en la frecuencia más alta posible. A través de elevar su propia vibración, aumenta la vibración de su asociación. ¡También deja de atraer vampiros energéticos, narcisistas y otras personalidades tóxicas!

• Refiriéndose al romance, como su signo de estrella es equivalente a Piscis, ustedes son las viejas almas del zodiaco. Los piscis a menudo se equiparan con empáticos, ya que encarnan todas las cualidades y rasgos empáticos. Aprender sobre el signo zodiacal Piscis, por lo tanto, puede ayudarlo a comprender mejor sus propios comportamientos y anhelos en el amor. Usted es conmovedor, espiritualmente inclinado y profundamente impresionable. Sus sensibilidades son un regalo, y su capacidad para fusionarse y moldearse, puede abrirlo a las uniones sexuales más trascendentales y felices.

• Su intuición es tan fuerte, que le permite navegar por las aguas de la vida con facilidad, reflejándose en los tipos de relaciones que elija. Usted busca un amante y un compañero de vida en su onda. Deben ser empáticos o capaces de empatía, y también deben ser amables, sinceros y dulces. Los personajes fríos, duros o narcisistas y agresivos, son un gran rechazo para usted; ¡No le va bien con la dureza!

<u>En mi próximo libro cubrimos:</u> ***Cómo prosperar como empático en las relaciones románticas e íntimas, cómo prosperar en las alianzas comerciales, qué evitar en las alianzas románticas, cómo superar los malentendidos y la falta de comunicación, que hacer y no hacer al enamorarse, cómo sus sensibilidades y emocionalismo pueden dañar su relación, técnicas y consejos de autodesarrollo, cómo tener éxito y prosperar en el amor, y sus cualidades más bellas y esenciales, las cuales lo convierten en uno de los mejores amantes y parejas.***

Empáticos, tenga cuidado con los narcisistas

Los narcisistas son egoístas, emocionalmente abusivos y manipuladores. Gravitan hacia su luz como una polilla hacia una llama... Todo lo que debe ser honrado y apreciado no lo es, su amabilidad y sinceridad son vistas y tratadas como débiles. Al principio, a un narcisista usted le encantará y se hará ver como un personaje amable, carismático, amable y amoroso, pero una vez que usted los conozca; y los deje entrar en su espacio personal, las cosas comienzan a cambiar.

<u>En mi próximo libro cubrimos:</u> ***El origen del narcisismo, el trastorno de personalidad narcisista (TPN), la dinámica y la danza empática-narcisista, otros personajes tóxicos y***

sus interacciones con ellos, cómo reconocer a esas personas, cómo protegerse de sus mierdas, cómo practicar el amor propio y recuperarse del abuso narcisista, las "alertas rojas" en las citas y la amistad temprana, dejar ir el amor tóxico, qué buscar en su nueva asociación, amor kármico VS amor de alma gemela, y cómo y por qué interactuar con un narcisista extremo, es a menudo esencial para su crecimiento y evolución (¡Y cómo aprender de él!).

El papel del empático en la sociedad y el mundo en general

Ser empático significa que usted un papel más importante que desempeñar. Su empatía y los dones asociados son tan poderosos, que sería delegar no estar a la altura de ellos. Toda su identidad y naturaleza están intrínsecamente ligadas a su corazón: Usted vive con corazón e integridad. Esto significa que naturalmente, tiene un elemento kármico en el camino y propósito en su vida. En otras palabras, usted está aquí para sanar y ayudar a elevar la vibración de la humanidad. Esto nos lleva a plantear la siguiente pregunta. ¿Es el colectivo inconsciente, nuestras heridas, traumas, condicionamientos y experiencias colectivas, lo que crea la empatía? ¿O son las formas empáticas poderosas, amorosas y únicas lo que dan forma al colectivo? Sería ignorante percibir erróneamente que nacer con un regalo tan único no tiene ningún propósito, o que debe evitar su verdadera naturaleza. Entonces, en relación con la pregunta, la mejor manera de explorar este tema, es observar la intención, el por qué y lo que esto significa. Sin corazón no habría vida; todo en el universo existe debido a la frecuencia vibratoria del amor. La vida es amor; la creación es amor y la tierra misma es amorosa, hermosa y abundante. La naturaleza empática encarna este amor.

Como se exploró brevemente, la naturaleza empática puede ser definida por el centro del corazón, es esencialmente su encarnación. Amabilidad, cuidado y compasión; un amor por la madre tierra y el mundo natural, y una empatía profundamente arraigada es intrínseca a la esencia del centro del corazón. Como el corazón es el centro, conectando tanto nuestro *yo inferior* como el *yo superior*, se puede ver que la empatía es la representación perfecta de esto. Los empáticos son el equilibrio perfecto y la unificación del ser inferior, las emociones, una conexión profunda con la tierra y todos sus habitantes, los cuales sienten y dan a luz nuevas ideas, pensamientos y un gran poder en lo físico; y el ser superior, la intuición, la conexión con el espíritu y los reinos invisibles, los sueños y una frecuencia emocional evolucionada. En relación con esta pregunta, se puede ver que los empáticos influyen y afectan el campo de energía colectivo consciente y global, y son una manifestación física del mismo. La naturaleza empática es literalmente, *sintonizar* y conectarse con algo que está más allá del ego humano y de la realidad centrada en el "yo". Podría decirse que la mejor forma de ver al colectivo (En su forma ideal) es como una encarnación del amor, la unidad, la divinidad y la humanidad global consciente.

Por lo tanto, a través de las intenciones, formas, creencias y acciones de los empáticos, estos remodelan y reestructuran activamente el mundo y nuestro subsecuente campo colectivo de energía consciente. ***Usted estructura y reorganiza activamente el mundo a través de su amor y compasión.*** El hermoso regalo de la empatía y todas sus implicaciones y aplicaciones en la vida real, permiten que los empáticos en todo el mundo tengan un poderoso efecto y sean catalizadores del amor, el autodesarrollo, la curación y la evolución, y mejores dones de compasión y expresión creativa. Eres amor en encarnación!

Conclusión

La empatía es un hermoso regalo. Usted es amable, perceptivo, compasivo y desinteresado, y generalmente posee un nivel avanzado de sabiduría emocional, madurez e inteligencia. También tiene un don único para percibir cosas más allá de la superficie, rayando en la habilidad psíquica o telepática. Su deseo de dar, sanar y ayudar de cualquier forma física que pueda, no tiene límites. Con suerte, la sabiduría, la información y las técnicas de este libro, lo ayudarán a comprender su empatía y a establecer los límites saludables necesarios para sobrevivir y prosperar como empático. En el mundo no todo es sol y arcoiris, ¡Hay algunos personajes profundamente tóxicos y fríos por ahí! Los narcisistas, por ejemplo, se sienten enormemente atraídos y apegados por su naturaleza amable, sincera y gentil. Buscan apropiarse de donde vive para dar. Esto no es bueno para su salud ni beneficioso para nadie.

A través del desarrollo del discernimiento, aprender a dejar ir, estar a gusto y aligerar, desarrollar la fuerza interna y los límites necesarios para sobrevivir psicológicamente y prosperar; usted puede comenzar a vivir su vida con gracia, una mayor conciencia y la abundancia y prosperidad que merece. Ser mártir no es saludable ni es relevante en la actualidad. Podría decirse que la naturaleza empática es la siguiente etapa en la evolución humana, y es de esperar que las perspectivas inherentes a lo largo de estos capítulos hayan dejado claro por qué. Usted es conmovedor, cariñoso, considerado y cooperativo. Usted es compasivo, sabio, intuitivo y artístico. Usted posee los dones y habilidades para ser un poeta, escritor, místico, filósofo, músico, sanador, terapeuta o consejero inspirador. También tiene un lado profundamente espiritual, incluso si no usted no elige un camino espiritual consciente. ¡Todo esto lo convierte en un ser humano increíble!

Por lo tanto, no viva en la abnegación y no rehuya de sus dones. Ciertamente, no reprima ni rechace los aspectos centrales y esenciales de usted mismo, los cuales lo hacen ser quien es. Si yo, hablando como su reflejo; subconsciente y yo superior, quisiera aprender algo de este libro, sería desarrollar e integrar la autoaceptación y la autocompasión necesarias para florecer en esta vida. Su autocuidado, amor propio y autoempoderamiento, tienen prioridad sobre los demás. Nunca olvide esto.

¡Por favor manténgase al tanto!

Si le ha gustado este libro, seguramente disfrutará el próximo. En el segundo libro empático, profundizamos en relaciones románticas, asociaciones platónicas, sexuales y comerciales, vampiros energéticos y narcisistas, dejando de lado a los personajes tóxicos, el papel del empático en la sociedad, las mejores carreras para un empático, cómo y cuándo entrar en el liderazgo, empáticos en la sociedad, la empatía como humanitario e idealista, las recompensas de ser empático tanto en esta Nueva Era como en el mundo moderno, y una exploración profunda de cómo trabajar con sus arquetipos subconscientes y universales, como lo recomiendan los psicólogos y psicoanalistas profundos, para la curación, integridad y autodescubrimiento.

Referencias

https://journals.lww.com/psychosomaticmedicine/Abstract/2003/07000/Alterations_in_Brain_and_Immune_Function_Produced.14.aspx

https://psycnet.apa.org/record/2008-14857-004

https://psycnet.apa.org/record/2008-13989-015

https://link.springer.com/article/10.1023/B:COTR.0000045557.15923.96

http://ccare.stanford.edu/article/enhancing-compassion-a-randomized-controlled-trial-of-a-compassion-cultivation-training/

Empático evolucionado

Una guía de supervivencia para la persona altamente sensible (PAS) para curarse, recuperarse del abuso narcisista, prosperar en las relaciones y triunfar en la carrera de sus sueños

Por Jessica Flowers

© Copyright 2020 - Todos los derechos reservados.

El contenido contenido en este libro no puede reproducirse, duplicarse o transmitirse sin el permiso directo, por escrito del autor o el editor.

Bajo ninguna circunstancia se responsabilizará ni se responsabilizará legalmente al editor, ni al autor de ningún daño, reparación o pérdida monetaria, debido a la información contenida en este libro; ya sea directa o indirectamente.

Aviso Legal:

Este libro está protegido por derechos de autor. Este libro es sólo para uso personal. No se puede modificar, distribuir, vender, usar, citar o parafrasear ninguna parte o el contenido de este libro sin el consentimiento del autor o editor.

Aviso de exención de responsabilidad:

Tenga en cuenta que la información contenida en este documento, es sólo para fines educativos y de entretenimiento. Se han realizado todos los esfuerzos para presentar información completa, precisa, actualizada y confiable. No se declaran ni implican garantías de ningún tipo. Los lectores reconocen que el autor no participa en la prestación de asesoramiento legal, financiero, médico o profesional.

Contenido

Introducción 1

Capítulo 1: Empático y relaciones 1

Capítulo 2: Empáticos y relaciones tóxicas 10

Capítulo 3: La siguiente etapa en el ciclo evolutivo 40

Capítulo 4: Mirando hacia el subconsciente 44

Capítulo 5: El papel de un empático en la sociedad 57

Introducción

Capítulo 1: Empático y relaciones

Cómo prosperar en las relaciones románticas

Si usted ha leído mi libro anterior, sabrá que ser empático es una experiencia profundamente única. Usted es amable, dulce y cariñoso, compasivo, considerado e intuitivo y extremadamente "orientado al servicio". Esto significa que tiene un elemento natural y generoso para su personalidad. Experimenta placer al hacer que sus seres queridos se sientan apreciados y apoyados, y está más que feliz de ofrecer sus oídos y un corazón abierto. Hay un aspecto curativo en su verdadero ser y naturaleza. Bueno, junto con esto está la realidad de que usted es increíblemente romántico. Usted es un romántico de corazón, de cuerpo, de mente y de alma; todo lo que hace tiene dulzura y cuidado escrito por todas partes. Y esto se refleja en sus relaciones íntimas y en su elección de pareja.

Por lo tanto, la mejor manera de explorar este tema y ayudarlo a comprender su verdadera naturaleza, es desglosar todos los componentes de su personalidad y esencia central, y observar las formas en que pueden mejorarse, desarrollarse e integrarse.

1. **Empático interior**

Comencemos con lo obvio. Su empatía lo convierte en un romántico natural, y esto se debe a que se conecta con los demás en un nivel único. Ser empático implica conexión emocional, apertura y madurez, todas las cosas que pueden considerarse equiparadas con el romance. Incluso entre sus amigos y familiares platónicos, hay un fuerte elemento de romance involucrado; vive para una profunda fusión emocional y los sentimientos "cálidos y difusos". Además de su impulso interno y deseos de romance, también se conecta en un nivel platónico en las relaciones sexuales. Su empatía brinda una gran capacidad para la amistad, y esto lo convierte en un compañero increíblemente comprensivo y afectuoso. Recordar estas cualidades de usted, puede ayudarlo a prosperar en las relaciones románticas.

2. Intimidad platónica

Como se mencionó brevemente, su tendencia natural hacia la amistad y la intimidad platónica, lo convierten en un maravilloso amante y el mejor amigo en una relación romántico-sexual. Tiene esta manera de ser, en la cual los extraños a menudo se sienten gravitados hacia usted para compartir sus problemas. Las personas saben que pueden abrirse a usted y que les hablará sin juzgarlos, ofreciéndoles también consejos sólidos y sabiduría compasiva. ¡Esto está igualmente presente en sus parejas románticas! La intimidad se puede definir como cercanía y vínculo, dos cosas que ciertamente no le faltan. Tratar de encarnar e integrar completamente estas cualidades, le dará ese empuje extra y chispa a sus relaciones románticas, ya que lo crea o no, las parejas que elija admiran su deseo de amistad dentro de una relación.

3. Deseo de paz y armonía.

Su naturaleza se define como amante de la paz, armoniosa, comprometedora y cooperativa. Tampoco teme el desinterés y la capacidad de colocar las necesidades de los demás por encima de las suyas. En términos de ser un amante, esto lo hace increíblemente generoso y generoso en el dormitorio y fuera de él. Usted es diplomático, mediador y se sacrifica por naturaleza, y su carácter no es egoísta de ninguna manera.

Casi se le puede ver como una combinación de los signos estelares Piscis y Libra; Piscis es profundamente compasivo, empático y desinteresado, y Libra está representada por las escalas, el verdadero guardián de las escalas, equilibrado, equidad e igualdad. La naturaleza empática son las cualidades positivas de estos dos signos en esencia.

Por lo tanto, puede comprender mejor su verdadera naturaleza y personalidad investigando el significado de estos dos signos astrológicos.

4. Abraza tu divinidad

Abrazar su divinidad es otra forma de conectarse con su yo romántico, lo que mejora su empatía y fortalece su relaciones. Tienes una conexión natural con lo divino, lo divino también conocido como conciencia cósmica, conciencia superior o espiritual, reconocimiento y conexión con el alma, la dimensión, y planos etéreos y energéticos de la realidad. El romance se define como el sentimiento de misterio y emoción asociado con el amor, por lo que usted puede estar claro de que el abrazar su divinidad interior, puede ayudarlo a obtener la chispa que necesita. Hay algo casi místico y trascendental en el romance, al menos los sentimientos románticos y la conexión que usted mismo es capaz de sentir.

Qué evitar: los "no hacer"

Es importante tener en cuenta lo que no se debe hacer al aprender acerca de su naturaleza empática en relación con las relaciones cercanas. Las relaciones sexuales y románticas son el foco aquí. Su principal problema que se desarrollará durante toda la vida, es la necesidad de complacer y apaciguar a su pareja, lo que también lo hace extremadamente sacrificado. Puede sacrificar demasiado de usted mismo, su empatía, su energía y su atención, en un intento de complacer a su amante o pareja, pero esto no es saludable. Usted es increíblemente amoroso y generoso, pero ¿se da cuenta de la presión que esto tiene sobre tus recursos internos, y su salud mental y emocional?

Independientemente de cuán fuerte crea que usted es o sepa que usted es un empático, esto significa que necesita mantener una frecuencia emocional alta, equilibrada y con base, ya que de manera simple, de aquí proviene la fuente de sus dones espirituales e intuitivos. No importa qué camino o profesión haya elegido o en qué pase sus días fuera de su relación romántica, su empático interior está aquí para ayudar a los demás. Tiene que ser la mejor versión que "usted" pueda ser, necesita entonces ser fiel a su relación y esto no puede suceder si se sacrifica demasiado.

Entonces, lo que puede hacer para cambiar y rectificar esto, es primero *tomar conciencia* y presentar *su tendencia destructiva*. Veamos algunos de los comportamientos que puede mostrar con frecuencia y veamos cómo puede convertirlos en algo mejor en armonía con su mejor yo y su relación más saludable.

Siempre dando, nunca recibiendo

A usted le encanta dar, dar y dar un poco más, pero esto a menudo le impide recibir y estar abierto a que su pareja exprese las mismas cualidades que usted tiene de gran importancia. Tiene el problema de ser receptivo, de permitir verdaderamente que toda la belleza, el amor y la abundancia, se sientan por completo y con plena presencia. ¿Por qué? Debido a que su atención y conciencia están en otro lado, siempre enfóquese en lo que puede hacer por los demás, o por extraño que parezca, ¡En cómo esencialmente puede ser un empático! Pero no necesita intentarlo, ni debe sentir la necesidad de dar siempre. La vida implica equilibrio. Dar y recibir crea un circuito completo, un ciclo completo, y aquí es donde surge la verdadera armonía y satisfacción en una relación. Hasta que aprenda a dejar de dar tanto de sí mismo y abrirse para recibir, se encontrará luchando con algunos problemas y situaciones de su sombra interna, y no podrá prosperar mental, emocional, psicológica, espiritual y físicamente en su relación.

¿Qué puede hacer?

Para empezar, puede meditar en ser receptivo. ¿Ha oído hablar de la meditación consciente? (Si no lo ha hecho, puede refrescar su memoria con *Empático*, el primer libro de esta serie). La meditación consciente, es un tipo de meditación centrada y específica en la que medita en cultivar y encarnar una cualidad, en este caso, la receptividad. Durante la meditación, su fuerza vital se activa a través de la inhalación y dispersión del chi, el cual fluye a través de las células, el torrente sanguíneo y el cuerpo. Chi es esencialmente energía de fuerza vital universal, también conocida como prana, ki o, en términos modernos, "vibraciones". Es su vibración personal y frecuencia general la que abarca todas las creencias, pensamientos, emociones, sentimientos y la energía que da. Un Chi fuerte significa vitalidad, salud, longevidad, una mentalidad positiva y una percepción de la vida. La meditación ayuda a fortalecer el chi, y la meditación consciente ayuda a desarrollar y fortalecer el chi en relación con la calidad o característica que desea desarrollar. Básicamente se llena de ella (¡Imagine que usted es un recipiente vacío esperando ser llenado con amor, luz y una nueva conciencia!).

Además de incorporar prácticas de meditación en su rutina diaria o semanal, también puede buscar equilibrar su yin y su yang, o su femenino y masculino. Ahora, técnicamente hablando para ser más receptivo, le sugerimos que trabaje en el desarrollo e integración de su lado femenino, ya que esto es yin y receptivo. Sin embargo, la clave aquí es aprender a recibir y no dar tanto, y esto requiere estar en contacto con su masculinidad interna, su autoafirmación y su fuego interno. Se puede ver que el fuego y el agua están en oposición, pero también se complementan entre sí, y el fuego es yang y agua yin. Por lo tanto, trabajar para fortalecer su yang y su fuego interior, lo ayudará a ser más asertivo, menos sacrificado y más orientado a la acción (en lugar de pasivo) para que pueda entrar en un poder de energía más masculino dentro de su relación. Yang también es dominante y contundente, algo de lo que a menudo carece su naturaleza empática, emocional y gentil. Puede meditar sobre el yang, pasar tiempo al sol recibiendo energía solar, practicar la meditación consciente mirando una vela y comer alimentos yang como el chile, y especias calientes como el jengibre, la canela y la nuez moscada.

Asfixiar, intentar ser madre, mimar o excederse...
Dejar de lado estas tendencias y comportamientos, es algo que deberá hacer si desea prosperar en futuras relaciones románticas. Mimar es tratar a su amante de una manera sobreprotectora e indulgente. ¡Esto no es saludable! No es saludable para usted ni para sus relaciones. Ser empático significa que funciona con una frecuencia emocional más alta que la mayoría de las personas. Usted siente cosas más allá de la superficie, y está profundamente conectado con su intuición, instintos internos y chakra del corazón, el centro de energía asociado con el amor, la compasión y la empatía. Finalmente, hay algo conmovedor para usted y esto puede dejarlo bastante romántico. Todo esto crea una combinación de asumir el papel de cuidador, madre, protector y cuidador en sus relaciones

íntimas. Bueno, combinado con su falta de límites y su naturaleza sensible innata, sin suficientes controles y conciencia consciente, es fácil caer presa de las tendencias autodestructivas. Su principal "no", por lo tanto, es tener en cuenta la forma en que trata a su pareja; ser demasiado expresivo en su afecto, deseo de cuidar y mimar, puede tener un efecto contraproducente.

¿Qué puede hacer?

Lo obvio: Trabaje para desarrollar la fuerza interior y no tener que mimar o consentir demasiado a su pareja. Esto se puede lograr a través de límites saludables y autoalineamiento, los cuales lo hacen feliz y contento por dentro para que no necesite proyectarse hacia afuera en la relación. Sé que puede querer dar, ser amable y cree que mimar sólo es positivo y hermoso, pero el dicho "demasiado de algo bueno puede ..." tiene sustento. Encontrar actividades compartidas que ambos disfruten también es un paso efectivo hacia el éxito. Hacer algo que le brinde alegría y paz, y fortalezca aún más su vínculo, abrirá nuevos caminos para la curación, el crecimiento y la conexión. También le permitirá no sentir la necesidad de dar y maldecir en detrimento y sacrificio para su propia cordura. El dar y el desinterés son positivos hasta que el desinteresado se vuelve desinteresado; hasta que literalmente usted se pierde a si mismo. Y su pareja se da cuenta de esto, y no es atractivo. Él o ella también quiere lo mejor para usted, perderse a si mismo con él o ella en la relación, no es bueno para su autoestima y la fortaleza general de la relación. ¡Encuentre una actividad o pasatiempo que puedan compartir juntos y asegúrese de que realmente se comparta!

¡No sea tan sensible!

Finalmente, algo obvio; no sea tan sensible, trabaje para transformar su naturaleza delicada, femenina y sensible en algo un poco más ardiente y masculino. ¡Aún puede ser empático y hermoso por dentro sin ser demasiado sensible! La energía masculina puede ayudarlo aquí, así que no tenga miedo de encarnar más yang. Medita en los colores naranja, amarillo y dorado; pasar tiempo al sol, o incluso mirar al sol. Encuentre maneras de afirmarse, fortalecer y proteger su integridad y verdad. Si tiene un signo solar acuoso y emocional (Sí, ¡la astrología es muy real!), Esto puede no ser tan malo. Piscis, Cáncer y Escorpio, tienden a apreciar más su naturaleza acuosa-emocional, sin embargo, los signos de fuego en particular, como Aries, Sagitario y Leo, pueden molestarse e incluso cansarse de sus formas demasiado sensibles y emocionales. Por supuesto, no estamos sugiriendo que se cambie por alguna razón superficial o de "aplacar y complacer"; es muy beneficioso para usted dejar de ser tan emocionalmente sensible. ¿Por qué no aprender de Aries, el ardiente signo de fuego gobernado por Marte; o Sagitario, el signo de fuego audaz y creativo que no tiene miedo de decir lo que piensa? A continuación, exploramos estos dos signos; además de Leo, con más detalle para que sepa cómo desarrollarse.

Qué puede hace: Observar la astrología

Por lo tanto, los signos de fuego del Zodiaco pueden ayudarlo a cambiar y encarnar los rasgos que necesita como empático. Recuerde que la naturaleza empática se define por ser intuitiva, gentil, sensible, emocional, acuosa, pasiva y receptiva. ¡Todas estas son cualidades asociadas con los signos de agua del zodiaco! Por lo tanto, es natural mirar al opuesto del agua; dispara para contrarrestar sus sensibilidades.

Aries

Aries es el primer signo del zodiaco gobernado por Marte. Aries se define como impulsivo, insensible, agresivo, apasionado, valiente, dominante e innovador. Como puede ver, algunos de estos rasgos de personalidad son positivos y otros negativos. Pero los negativos, pueden ayudarlo aquí, ya que como empático, usted es demasiado generoso y desinteresado. Aries está regido por el planeta Marte, lo que significa que tienen una cualidad altamente competitiva y bélica para ellos. No temen a la competencia, mantenerse firmes o adoptar una postura agresiva y demasiado asertiva para hacer oír su punto. También pueden ser muy impacientes e impulsivos y parecen carecer de toda empatía.

Aprender sobre todo el personaje de Aries quizás lo ayude a comprender lo que puede hacer para desarrollar el fuego interno. Aries tiene muchas cualidades hermosas y puntos fuertes; son muy apasionados y no temen defender a sus seres queridos. También son románticos y emprendedores, poseen grandes capacidades de liderazgo. Combinado con su naturaleza ferozmente protectora, un Aries emite la personalidad de un líder, protector y guerrero o luchador fuerte y feroz.

León

Los leos son el único signo regido por el Sol, y esto muestra su inmenso espíritu y fuerza vital. Son creativos, de buen corazón, generosos y caritativos, y generalmente artísticamente dotados y regios. Hay algo majestuoso para ellos, y como Aries, no tienen miedo de defender a sus seres queridos. Gobernado por el glifo (símbolo astrológico) del león, un Leo tiene un orgullo y una pasión increíbles. Leo es romántico, un poco pegajoso y necesitado en el amor, y le da mucha importancia a la amistad, la familia y la comunidad. Los Leo también necesitan ser deseados, pero dan el mismo amor y afecto que desean. Es este aspecto de la personalidad de Leo del que puede aprender; pueden enseñarle cómo mantenerse firme y desarrollar la afirmación masculina necesaria en cualquier relación. La vida es un equilibrio y la fuerza vital del sol es tan importante como la energía de la luna.

Sagitario

Finalmente, el último signo de fuego Sagitario puede ayudarlo a ser audaz, positivo, optimista y extrovertido. Sagitario (Sag) está regido por Júpiter, el planeta de la expansión, la suerte, el optimismo y la abundancia, y la abundancia se relaciona con muchas cosas. Sag es un gran personaje con una gran personalidad. Son sociales, amigables, extrovertidos y audaces, no tienen miedo de decir lo que piensan o compartir su verdad. No hay nada de tímido en la personalidad de Sag, y esto puede ayudarlo. Sag también se rige por la glifo del arquero, o el centauro; la criatura mitad hombre y mitad animal que representa la originalidad y nuestros instintos animales, y una conciencia y filosofía superiores. A Sagitario no le importa encontrarse grosero u ofensivo, así que aquí está la primera pista…

Ser empático significa que usted es naturalmente sensible a los sentimientos y emociones de los demás. Sagitario es sabio y perceptivo, pero comparte su sabiduría y perspectivas de una manera muy directa y sincera. Esto puede ayudarlo, ya que nunca puedes ser hiriente o insultante si usted lo intenta. Usted es demasiado empático y cariñoso para parecer duro o frío, pero tratar de parecerte un poco más a Sagitario, el arquero, lo ayudará a dirigir su visión y voz de una manera constructiva y útil, pero a la vez asertiva y fuerte.

¿Para concluir? ¡Todos aman un poco de fuego en su vida! Sé apasionado, valiente y audaz, y no tenga miedo de brillar de una manera fuerte y no tan sensible.

Cualidades empáticas, y cómo triunfar y prosperar en el amor

Entonces, ahora que sabe lo que no se puede hacer, podemos ver lo que se debe hacer. Tener éxito en el amor se reduce a que usted sea la mejor versión de si mismo, por lo tanto, usted entra en su proyecto empático. En mi primer libro, Empático, exploramos las cualidades y características de ser empático, pero aún no hemos analizado el *plan empático*. El modelo empático, es la frecuencia general que abarca sus dones, habilidades, creencias, percepciones, corrientes internas y personalidad psíquica. Aquí lo exploraremos en relación con la sexualidad y las relaciones romántico-íntimas.

Las relaciones sexuales románticas e íntimas, tienden a involucrar cantidades adecuadas de dolor y sufrimiento temprano en la vida, a medida que atrae narcisistas, abusadores y vampiros de energía. También atrae opresores y personas que se aprovechan de su naturaleza amable. Cuando se trata de sexualidad, los empáticos podemos ser muy sumisos. Esto es comprensible cuando observamos la naturaleza romántica, sensible e intuitiva de una empatía. Sin embargo, a pesar de sus niveles avanzados de intuición, cuando son más jóvenes, los empáticos simplemente no son conscientes de que son empáticos; no son conscientes de los tipos de pareja que atraen. Por supuesto, esto tiene un profundo efecto en las relaciones futuras. Los arquetipos universales de Carl Jung pueden ayudarlo a comprender e integrar su sexualidad por completo, de manera saludable, equilibrada y amorosa con usted mismo. Las heridas y los traumas inconscientes a menudo pueden manifestarse en parejas sexuales, como consecuencia, mirar y explorar su *sombra*, y las partes "oscuras" y ocultas de si mismo; lo ayudará a entenderlas, aceptarlas y sacarlas a la luz.

Sus traumas y heridas ancestrales son problemas que han crecido con usted desde la infancia. Son los aspectos *subconscientes y reprimidos* de si mismo los que se introducen en las relaciones adultas, y pueden conducir a algunas experiencias muy dolorosas y difíciles. Los traumas y las heridas también son más profundos que esto, ya que son parte de la psique colectiva; son universales. Entonces, ¿qué significa esto como empático? Al asumir naturalmente las cosas de todos los demás, desde sus emociones; hasta sus estados de ánimo, pensamientos y ser interior, usted corre un mayor riesgo de absorber los traumas personales de otras personas. Estos son los traumas y heridas que se han acumulado no sólo en esta vida, sino en muchas.

Todos tienen una huella del alma única, una historia específica, una frecuencia y un plano único para ese individuo. Como empático, por lo tanto, es muy fácil conectarse inconscientemente con algunos de los traumas no resueltos más profundos y ocultos de otra persona. La persona misma puede no ser consciente de ellos. Existen en el *nivel del alma,* enterrados detrás de la superficie. Entonces, esto nos lleva a uno de sus *superpoderes*, y en última instancia, define por qué la empatía es un regalo tan increíble. Sin siquiera usted darse cuenta, naturalmente *sintoniza* dolores, traumas y heridas invisibles y detrás de escena, y los sacas a la luz. Ahora, esto es increíblemente poderoso y puede usarse para un gran beneficio. ¡Si se usa correctamente, con amor, compasión y amabilidad, puede convertirse en una verdadera joya en la vida de alguien! Sin embargo, si se usa negativamente, se podría decir que está *abusando de su poder*, sintonizándose y conectándose a este regalo empático especial para causar daño o para satisfacer su propio ego y sentido de valor. Por lo tanto, toda la intención de conectarse a su superpoder es vivir con amor, vivir desde el corazón. Sin embargo, antes de que pueda hacer esto, hay traumas personales únicos para el empático que deben abordarse. Todo lo anterior es completamente real y verdadero como empático, *puede* conectarse inconsciente o conscientemente con otras heridas, y traumas ocultos para sanar y ser de ayuda. Pero primero, al igual que con todos los empáticos, debe asegurarse de que está curado en todos los niveles, con tal de no asumir el dolor de otro de una manera que sea perjudicial para usted. De lo contrario, la vida será un círculo vicioso repetitivo y podría volver al comienzo de su viaje. Esta es la clave de su sexualidad y éxito en las relaciones románticas.

Para resumir y crear un visual simple para este tema, las cualidades que pueden hacer que tenga éxito en el amor son:

1. Ser compasivo y empático; tener una naturaleza curativa.
2. Tener límites saludables y fuertes.

3. Aceptar su sombra y personalidad.

*** Combinar los 3 para que pueda brillar, mantenerse fuerte y centrado, comprometerse a sanar y ser una luz guía en su relación, y no dejar que su sombra lo domine, esto demostrará ser la combinación perfecta en su vida amorosa. * ** **

Capítulo 2: Empáticos y relaciones tóxicas

La danza empática narcisista

La relación empático-narcisista, es posiblemente una de las luchas más profundas y elementos importantes en su viaje como empático, y algo que sin duda enfrentará aunque sólo sea una vez en su vida. Cuando se encuentra en una relación con un narcisista (que no se dará cuenta al principio, sino una vez que está metido de lleno), usted puede entretenerlos, quedarse quieto y permitir los ciclos viciosos de sufrimiento, trauma y dolor; o puede irse y seguir su propio camino. Siempre elegirá la ruta para estar libre de un narcisista, ya que no hay empático que pueda permanecer en ese espacio energético durante demasiado tiempo, sin causar graves daños y problemas de salud. Esto es algo que debe tener en cuenta, independientemente de cuán profundo sea o cuán entrelazadas se vuelvan sus energías, estar con un narcisista en una asociación comercial romántica, íntimamente platónica o cercana, siempre es una transición. Es una oportunidad para aprender acerca de usted mismo, sanar y crecer, cada vez más en su verdadera naturaleza empática. Veamos los componentes clave de una relación empático-narcisista.

- Inicialmente le atraen su encanto y su aparente sabiduría. Un narcisista tiene una personalidad encantadora y amable, ya que para empezar, reflejan lo que saben que usted tiene.
- Quieren aparecer en una luz positiva, a un narcisista le encanta aparecer en una luz positiva y hermosa. Esto se debe principalmente a que cuando se "descubren" más tarde, tienen una historia de portada o una imagen proyectada que otros pueden creer.
- La relación se define por desequilibrio, egoísmo y manipulación. Los narcisistas son egoístas y son principalmente sobre lo que pueden tomar. Al igual que un vampiro energético, pueden agotarlo de su amor, tiempo, afecto, recursos, amabilidad, corazón o espíritu, y siempre lo hacen sentir mal o culpable por la manipulación. Son altamente manipuladores, y pueden hacerlo sentir emocionalmente destruido.
- El dolor, el sufrimiento y el trauma, son frecuentes en la relación empático-narcisista. Esto siempre es de su parte; al narcisista no le importa y puede sorprenderlo por su falta de compasión. Prosperan en su sufrimiento, y carecen de la empatía que posee.
- El amor incondicional y la profundidad que refleja, se encuentran con una ilusión. Usted desarrolla un vínculo profundo con su pareja narcisista, ya que realmente usted cree que están reflejando las cualidades que tiene en verdad; sin embargo, en última instancia, esto es un engaño y con el tiempo, revelan sus verdaderos colores. En este punto, es (casi) imposible liberarse y abandonar el vínculo.

- El narcisista lo hace cuestionarse a si mismo, su intuición, su conocimiento, y con el tiempo, su propio corazón y valores.
- Debido a su amor y la necesidad de una conexión emocional profunda, puede ser difícil entender que la sombra, las heridas y las formas del narcisista no son suyas. Su creencia y verdad de que todos somos un reflejo el uno del otro, y que desea ser compasivo, amoroso y receptivo, puede dejarlo en un profundo estado de confusión, y en última instancia, de victimización. El sacrificio, el sufrimiento interno y el complejo víctima-mártir-salvador, pueden hacerse cargo de cualquier sentimiento real y sincero que alguna vez tuvo en su intento de agradar y mantener intacta la conexión.

Como puede ver, esta no es una conexión saludable o feliz. Sin embargo, cuando está en ese espacio; y especialmente debido a su encanto inicial, puede ser muy difícil salir de ella. Afortunadamente, la personalidad empática es fuerte, con un amor propio y un respeto propio tan positivo, que nunca elegirá permanecer en esta relación tóxica durante demasiado tiempo. Puede ser atraído por el drama y la toxicidad por un corto período de tiempo, pero siempre sale mucho más sabio, más fuerte y con sus cualidades empáticas brillando más que nunca. ¡Sólo hay luz al final de este túnel oscuro! Ahora veamos nuevamente la naturaleza empática para establecer qué y por qué un narcisista se siente tan atraído por ti.

Como puede ver, esta no es una conexión saludable o feliz. Sin embargo, cuando está en ese espacio y especialmente debido a su encanto inicial, puede ser muy difícil salir de él. Afortunadamente, la personalidad empática es fuerte, con un amor propio y un respeto propio tan positivo, que nunca elegirá permanecer en esta relación tóxica durante demasiado tiempo. Puede ser atraído por el drama y la toxicidad por un corto período de tiempo, pero siempre usted sale mucho más sabio, más fuerte y con sus cualidades empáticas brillando más que nunca. ¡Sólo hay luz al final de este túnel oscuro! Ahora veamos nuevamente la naturaleza empática para establecer qué y por qué un narcisista se siente tan atraído por usted.

La naturaleza empática:

- Amabilidad, cuidado y compasión.
- La capacidad de "asumir" los pensamientos, sentimientos y emociones de otro.
- El don de "sintonizar" con el estado de ánimo o el funcionamiento interno de otra persona, el cual puede usarse para ayudar, sanar u ofrecer información.
- Reconocer la susceptibilidad de una persona a la influencia externa, pero permanecer centrado, alineado y con un claro enfoque o sentido de conciencia.
- Amantes de la naturaleza, la armonía y la belleza interior.
- Introspectivo y (a veces) introvertido.
- Sentidos altamente sintonizados y una fuerte intuición.
- De buen corazón con cualidades de donación, desinterés, servicio y generosidad.

- Magnéticos para vampiros energéticos y atraer narcisistas.
- Muy buenos oyentes.
- Artistas, creativos y soñadores.
- Mundos emocionales ricos y grandes narradores.
- Profundos deseos de amor y afecto.
- Funcionan a una frecuencia mucho más alta que otras emocionalmente.
- Comodidad en reinos abstractos.
- Cuidadores, protectores y consejeros naturales.
- Abrumado en las relaciones íntimas.
- El tiempo en la naturaleza para restaurar y reponer energía es esencial.
- Energía inspiradora.

A menos que sea completamente autónomo, individualista e independiente, es probable que sea codependiente de alguna manera. Esto se debe a que todos somos codependientes, hasta cierto punto. Todos tenemos capacidades innatas y capacidad para la comunidad, la cooperación y la coexistencia, y con esto viene un nivel natural de codependencia. En las relaciones normales (también conocidas como relaciones no narcisistas), este no es un problema masivo, y en realidad puede conducir a algunas conexiones hermosas y apegos saludables. Sin embargo, esta tendencia innata hacia la codependencia, puede ser un problema importante cuando se trata de un amigo, amante o pareja narcisista. "La danza codependiente-narcisista" se refiere, por lo tanto, a las tendencias *naturales* e *innatas* que todos los seres humanos tienen hacia sus parejas cuando están en una relación. Esto no significa que sea codependiente o que tenga problemas personales con la codependencia, sólo se refiere a los intercambios de energía y la interacción entre usted y su "otro" narcisista (pareja, esposo, esposa o amante).

A diferencia de las relaciones normales y los matrimonios que son amorosos, cariñosos, amables y afectuosos, que se respetan y apoyan mutuamente; y también con niveles profundos y suficientes de intimidad e inspiración (elevar a su pareja cuando la necesitan), una conexión con un narcisista no es nada como esto. Son intrínsecamente egoístas con un desprecio primario de sus sentimientos. La "compasión", la "empatía" y la "sensibilidad a sus necesidades", no juegan un papel integral en su realidad. La mejor manera de entender lo que ocurre en el "baile"; en un nivel más profundo, entre una relación amorosa y de orientación normal y una con un narcisista, es mirar las diferencias entre las intenciones, las motivaciones y los intercambios energéticos presentes. La siguiente tabla, cubre muchos puntos importantes para desarrollar aún más su descubrimiento.

Relación "normal"	Relación con un narcisista
Cariño, emoción cruda o vulnerable, sentimientos profundos y sinceros, autenticidad y honestidad.	Manipulación, engaño emocional, luz de gas, mentiras blancas o severas, arrogancia, orgullo y egocentrismo (en nombre del narcisista).
Un deseo emocional de estar cerca íntima, romántica y sexualmente.	Los deseos emocionales de ejercer su voluntad y hacerlo sentir pequeño o deprimido. Querer que sea impotente, celoso, confundido, intimidado, vulnerable, temeroso, enojado o frustrado.
Sentimientos mutuos de confianza y respeto.	Poco o ningún respeto real (puede haber una ilusión de respeto presente en entornos sociales).
Pensar y sentir en términos de una asociación; valores como la cooperación, la comunicación, la empatía, la consideración, la armonía y "nosotros" estamos presentes.	"Yo" y "mío" a menudo reemplazan "nosotros" y "nuestro". Hay poca o ninguna consideración de estar realmente en una sociedad.
Un sentido de inspiración: Ambos socios se inspiran mutuamente para ser las mejores versiones de sí mismos; o al menos apoyarse unos a otros.	Una genuina falta de cuidado por el autodesarrollo, la felicidad, el éxito o las metas personales y los sueños de su pareja (su) realidad. Se trata de ellos.

Enfoque específico: Elementos de esta relación disfuncional

En una relación disfuncional, usted y su pareja "rebotan" entre sí. Interacciones diarias, intercambios de energía reales; estos se definen por un sentido de codependencia entrado no deseado y no buscado, el cual viene con la danza narcisista codependiente. Puede ser un acto extremadamente inconsciente, entrar en una relación con un narcisista. Al principio, parecen encantadores, amables, "agradables" y bondadosos; hay un verdadero encanto para ellos. Sin embargo, con el tiempo, este encanto se diluye y sus colores reales comienzan a mostrarse. Una vez que está en una relación con un narcisista, puede ser muy difícil reconocer que hay un fuerte elemento de codependencia involucrado. Esto se debe a que literalmente lo han magnetizado, está entrelazado en un nivel más profundo de lo que parece. Por eso nos referimos a las interacciones presentes como un baile. Usted y su pareja están enredados energéticamente.

Esto estaría bien e incluso increíble, si no fueran narcisistas, pero la triste verdad, es que el acuerdo al que han llegado inconscientemente, está lleno de dolor, confusión, sufrimiento y dudas infinitas. Independientemente de cuán fuerte, centrado y con poder propio usted sea, un narcisista siempre puede hacer que uno se sienta indigno de alguna manera, o cuestionarse hasta el punto de una baja autoestima y una destrucción casi completa de la confianza en sí mismo. Hay muchos ángulos diferentes al explorar su relación, por lo que la mejor manera de hacerlo a fondo, es dividirla en etapas.

Cuando hablamos de trabajo

Cuando se habla de trabajo, hay un fuerte elemento de *despido*. Un narcisista no lo apoya completamente ni realmente le importa. Sus éxitos, logros, victorias y pasiones conmovedoras son de poca importancia para ellos. Lo que se proporcionaría en la felicidad de una pareja normal al enterarse de su felicidad, hay en cambio una fría indiferencia. Si se trata de un narcisista extremo, incluso podríamos ir tan lejos como para decir que se molestan, irritan o se alteran por sus éxitos. Prácticamente no hay apoyo o alegría para usted. Es en estas situaciones cuando brillan las verdaderas formas egoístas de un narcisista. Además, no les importa ocultar sus verdaderos sentimientos o incluso fingir. Es casi como si quisieran que supieras que tienen poco o ningún sentimiento positivo hacia ti, y están felices de que su ego se vea en toda su (falsa) gloria.

La clave para recordar en esta etapa, es que los narcisistas prosperan cuando las personas saben quiénes son y aún así eligen doblegarse a su voluntad o jugar sus juegos. Lo que puede ser profundamente perturbador, vergonzoso o intolerable para una persona normal, es perfectamente aceptable y alentado por un narcisista. Muchos comportamientos y acciones que nos hacen sentir incómodos o extremadamente compasivos, en realidad, alimentan la personalidad del narcisista. En pocas palabras, se desencadenan de las reacciones de los demás. Sin embargo, debido a que su personalidad y la identidad que han creado son tan fuertes, se salen con la suya. La gente aún permanece en su órbita (en su mayor parte), la familia todavía los ama y los amigos y la pareja romántica aún se aferran al encanto y la brillantez iniciales que una vez conocieron y amaron. ¡Los narcisistas pueden ser muy, muy inteligentes! En relación con el trabajo, esto significa que cuando está en un espacio equilibrado, con conexión a tierra y maduro, es más difícil aceptar o incluso contemplar que haya elegido un compañero que no está en su longitud de onda.

"¿Cómo podría permitir que alguien tan indiferente y egoísta entre en mi espacio personal?"
"Pensé que estábamos en la misma onda, ¿dónde me equivoqué?"
"Realmente creía que era maduro, sabio, brillante y hermoso. ¿Qué diablos está pasando?"

Estas son sólo algunas de las preguntas que puede encontrarse haciendo, de cara al futuro, afortunadamente, usted puede reconocer estos signos y aprender a dar forma a su propio camino. Siempre llegará un momento en que se dará cuenta de cuán egoísta y frío puede ser su pareja y supuesto amante. Cuando llegue este momento (o cuando llegue el momento final y finalmente esté listo para abandonar el ciclo), la epifanía de que su carrera, sus sinceros objetivos y sueños y sus aspiraciones personales son mucho más importantes que cualquier tolerancia a la falta de respeto, abuso y negligencia. *Usted es digno* de tener un compañero que lo apoye y escuche, valorando su trabajo y pasión en todo lo que haga en el proceso, y esto también es esencial para su tranquilidad y bienestar emocional.

Cuando estés con amigos o familiares

Estar cerca de la familia con un compañero narcisista puede ser muy complicado y también doloroso. ¿Por qué? La respuesta es muy simple. Cuando está en casa o solo, usted es el objetivo de su abuso. Usted es una víctima directa o si elige un camino para intentar elevarse por encima de la víctima, ciertamente es el que sufre en la relación. Tiene que pasar por un sinfín de intentos de levantar a tu pareja, ayudarlos a ver la luz y poner la energía para mostrarles una mejor manera. Usted se encuentra exhibiendo vastos niveles de compasión, paciencia, amabilidad y empatía, los cuales le quitan mucha energía. En pocas palabras, puede ser muy desalentador estar con un verdadero narcisista.

Sin embargo, cuando está rodeado de amigos y familiares, ¡No pasa nada! Son la vida y el alma de la reunión, y además, siguen siendo encantadores y adorables. Esta es la persona que un narcisista quiere mostrar, quieren aparecer en una luz hermosa, brillante y positiva. Debido a la fuerza tanto de su carácter como de su ilusión, puede ser prácticamente imposible, y puede llegar autolesionarse sino intenta romper esta ilusión. Las palabras, opiniones, acciones y actitudes mostradas frente a otros que incluso están a punto de mostrar al narcisista en su verdadera luz, pueden causar un ciclo aparentemente interminable; un ciclo que incluso la persona más fuerte no puede manejar. Su pareja puede volverse contra usted, o puede torcer las cosas tan severamente, que lo único que puede hacer es "callar", dejar de hablar o apaciguarlos. Lo suprimirán y lo intimidarán silenciosamente para que se conforme. No es necesariamente abusivo como se ve en las relaciones abusivas. La interacción en una relación empático-narcisista es más sutil, el tipo de "abuso" al que se hace referencia aquí, es su manipulación profunda y extrema, el engaño y el trauma emocional causado por sus formas. Sin embargo, independientemente de su definición de abuso, todavía es completamente desalentador y agotador. Entonces, cuando usted está cerca de su familia, su esposa o esposo narcisista, es la pareja perfecta. No pueden hacer nada malo porque son ingeniosos, inteligentes, agradables, inteligentes, serviciales y amables. Esta amabilidad y calidez que a menudo se muestra es por supuesto, sólo una máscara y sólo se muestra cuando está cerca de la familia; necesitan que la gente les crea. Si todos fueran blanco de su abuso narcisista, no habría nadie que los cubriera en tiempos de necesidad social. A medida que exploramos en la siguiente sección, los narcisistas prosperan con el apoyo social. Es su clave del éxito.

Siempre habrá alguien en su familia con quien estén más cercanos. Aunque inicialmente puede ser difícil de asimilar, y aún más profundamente perturbador y desgarrador, su pareja elige a esta persona para endulzar. La vida es un juego para un narcisista, y por este motivo, su relación también es un juego. Si puede confiar en su hermana, tía o padre, su compañero narcisista prestará atención adicional a su hermana, tía o padre. El encanto, el humor, el esfuerzo, la calidez y la atención se aplicarán para asegurarse de que su aliado sea su aliado. Una vez más, los narcisistas necesitan a alguien que los ayude a mantener sus delirios fuertes, por lo que si la persona o personas en las que elige confiar ya no le creen o ven la situación como realmente es; entonces su energía y apoyo disminuyen. Aquí hay un aspecto fuerte de "vampiro energético" en juego, pero la diferencia es que los narcisistas se salen con la suya debido a su encanto adicional y su fuerte vibración personal.

Lo mejor que puede hacer en una situación como esta, es sentarse con la persona en la que cree que desea confiar. Debe asegurarse de que sepa que está hablando en serio, y que necesita una verdadera charla de corazón a corazón. Nada menos que la profundidad completa, la honestidad, la vulnerabilidad y la autoaceptación de la situación no servirán. Si hay alguna forma de quejarse, calumniar o hablar negativamente, esto simplemente alimentará el juego del narcisista. Esta es la única vibra que conocen. Por lo tanto, para dar a conocer realmente su situación y obtener el apoyo que necesita, asegúrese de ser serio con usted mismo antes de abrirse a alguien. Tomando los pasos correctos hacia la curación y la ruptura inevitable (si elige este camino) entra en esto.

Cuando esté en entornos sociales

Los entornos sociales alimentan las ilusiones y las historias intencionadas de un narcisista. Hay un elemento de "lobo solitario que salió mal" con los narcisistas, o un lobo solitario inmerso en la oscuridad y en el yo de las sombras... Los narcisistas necesitan que los amen, pero aún así son muy independientes en un grupo social. Se aseguran de mantener siempre su propia autoestima y autonomía, incluso cuando parecen tener muchos amigos o admiradores a su alrededor. Este es el truco; parecen tener muchos amigos. En realidad, un narcisista realmente no tiene amigos, ya que son egoístas y manipuladores, sino que también se trata de lo que pueden tomar y cómo pueden engañar. Por lo tanto, desde una perspectiva externa, son sociables, encantadores, extrovertidos y amigables con un buen corazón y una mente sana; aunque internamente hay otra historia. Las intenciones y motivaciones ocultas de un narcisista, son usar y manipular a las personas para finalmente beneficiarse de alguna manera, y es importante contar con al menos un par de personas "de su lado" a las que tienen un fuerte control.

Cuando llegue el momento, todos serán prescindibles para el narcisista. Incluso usted. Esta es la parte hiriente y la razón por la cual puede tomar tanto tiempo recuperarse de una relación narcisista o matrimonio. Usted ha sido su roca, su gema, su sistema de soporte y su luz sutil pero guía. Usted ha pasado meses o años siendo paciente, amable, compasivo y afectuoso, y haciendo todo lo posible para tener una relación sana, amorosa y armoniosa. Usted ha tenido que aguantar apaciguar a su pareja cuando está con amigos y familiares o es reprimido para mantener intactas sus manipulaciones de personalidad. En pocas palabras, ya ha sufrido mucho. Entonces, cuando se trata de esos pocos momentos innovadores en escenarios sociales en los que realmente se necesita una pareja, un alma gemela y un mejor amigo; este puede ser su momento clave. Una o dos veces, es una acción en el momento, un par de veces más, es un hábito o un comportamiento repetido, pero de manera permanente y perpetua es un ciclo. ¡No querrá enredarse en el tratamiento cíclico de un narcisista!

Cuando esté solo

Cuando están solos, aquí es donde los verdaderos signos de una relación disfuncional salen a la luz pública. Es prácticamente improbable, si no imposible, que un narcisista oculte sus verdaderos colores cuando está solo con usted, uno a uno. Está atrapado en un ciclo interminable de dar y recibir, pero este dar y recibir no está equilibrado ni es justo.

Veamos las características de los ciclos de dar y recibir presentes en esta relación.

- Reconoce que algo no está bien y comienza a ver la "sombra narcisista". Porque quiere que la relación funcione y porque realmente usted los ama, comienza una ruta de compasión, paciencia, asistencia activa, tratando de ayudar y dirigir las cosas en mejores direcciones; empatía, comunicación consciente e intencionada, perspicacia y energía mejorada. Su energía mejorada significa que siempre hace un esfuerzo adicional para tratar de razonar con su pareja y hacer que tengan sentido. También puede hacer esporádicamente momentos de lo contrario, tratando de "igualar su vibra" y recurrir a una breve frustración, ira, impaciencia, intolerancia o malestar. En una relación normal, estas tácticas pueden funcionar cuando se da cuenta de que todos son capaces de ser compasivos, admitir aún más cuando están equivocados y volver a la luz. Sin embargo, en esta relación, todos sus esfuerzos e intenciones se desperdician. No hay razonamiento con su pareja.
- Constantemente siente que tiene que atenuar la luz de tu pareja. Simplemente no se le permite brillar, tener éxito, lograr nada más allá de su relación, o mostrar y experimentar activamente alegría y satisfacción personal de cualquier manera. Cada vez que lo hace, se encuentra con el narcisismo. El ego de su pareja lo suprime a usted y a toda su magnificencia. Esto tiene considerables efectos negativos en su moral, autoestima, confianza y un sentido de empoderamiento. Su trabajo, relaciones personales o familiares pueden sufrir como resultado.
- Si ya está comprometido con el amor propio, el cuidado personal o la práctica de curación; las únicas veces que se siente verdaderamente contento y libre de ser usted mismo, es cuando se ha distanciado y está haciendo lo suyo. Salir a caminar por la naturaleza, sumergirse en algún proyecto o pasatiempo fuera de su hogar, y tomarse el tiempo suficiente para estar con amigos o familiares, es de gran ayuda; sin embargo, el problema subyacente aún persiste. Tener una relación con un narcisista puede agotarlo, e incluso cuando haya hecho todo lo que esté en su poder para elevarse o tomar el espacio necesario para recargar, su pareja no desea aprender o cambiar. Si está en un viaje de amor propio y curación, el comportamiento y la energía general de su pareja se sentirán muy extraños y

distorsionados. Lo más probable es que intente cortarlo de raíz tan pronto como vea la situación tal como es. De lo contrario, dependiendo de su elección, (irse instantáneamente o elegir quedarse) sufrirá caos interno y resistencia al ser empujado en diferentes direcciones.

• La atención siempre está en ellos. Sus formas egoístas, avaras, juiciosas, absorta, mezquina e hiriente, no empática y sin pasión, están en pleno efecto cuando está solo. Esto se debe a que usted es su objetivo principal, la persona principal que sienten que pueden ser ellos mismos. No importa cuán terribles, egoístas y desagradables sean, ya que aún los ama de todos modos. Hay un gran elemento de "juego" presente, se lo ve fácilmente manipulable o incluso crédulo e ingenuo. Desafortunadamente, su compañero narcisista juega con esta realidad y una historia de creación propia. Si permite que este juego se perpetúe, puede ser muy difícil liberarse ya que habrá regalado su poder.

• Finalmente, el ciclo final de "dar-recibir" está en plena vigencia y se manifiesta de diferentes maneras. Absolutamente cualquier cosa que haga, diga o crea, se encuentra con una resistencia completa. Usted dices blanco, entonces ellos dicen negro. Brilla con luz, entonces expresan sombra. El compromiso, el equilibrio, la armonía, la cooperación y la equidad en su relación, son prácticamente inexistentes, y además, lo manipulan para sentir que siempre está equivocado o es estúpido. Hablando holísticamente, su pareja lo trata de una manera muy "poco vibrante" e indiferente.

En el dormitorio

Sexual, romántica e íntimamente, estar con un narcisista no es algo en lo que uno entraría voluntariamente antes de crear un vínculo profundo. El "baile empático-narcisista" se amplifica en el dormitorio, y a veces, es como si fuera su juguete personal. Lleve su conciencia a cuando lo conociste. Eran encantadores, sabios, divertidos, agradables, adorables, atentos a sus necesidades, sexys y muy atractivos. ¡Esta es la persona que exhiben para satisfacer sus necesidades!

La exposición ni siquiera es el término exacto para usar; forzar, empujar, intentar con tanta fuerza retratar, engañar, manipular y ejecutar con la mayor intensidad sería todo más preciso. En resumen, usted está magnetizado ante sus manipulaciones y aún conserva los recuerdos de cómo solían ser las cosas. Para exacerbar aún más esto es el hecho de que sabes que tu pareja es (o era) capaz de amar, dedicación real y conexión íntima. La idea de que lo usen, que no lo importen o lo traten como si fuera su juguete para sus fines egoístas, no es algo que uno quiera considerar, y mucho menos aceptar como son las cosas. Ni siquiera se trata solo de sexo o satisfacción física. Los juegos de un narcisista en el dormitorio son más psicológicos, mentales y emocionales. Saben que el deseo, el vínculo, el amor, la intimidad y la fusión emocional, mental y psicológica son naturales y saludables, por lo que juegan con esto. Reciben un gran placer de su sufrimiento silencioso.

Este es el último baile empático-narcisista y una vez que usted está entrelazado en sus motivaciones ocultas, puede ser difícil liberarse. Puede volverse adicto al sentimiento si tiene una inclinación sumisa por naturaleza, o si aún puede mantener la esperanza y la creencia de que esto es sólo una fase; que el verdadero ser de su pareja brillará una vez más. Desgarrador, no lo hará. Esta es la verdadera naturaleza de un narcisista.

Cuando usted está empoderado o alineado con sus propias pasiones de propósito de camino

Al igual que con los temas de trabajo, cuando usted está autoempoderado y en un espacio generalmente "brillante y hermoso", eres como un gato. Sin entrar en demasiados detalles, su pasión, sentido de propósito, fuego interno y entusiasmo o chispa por la vida es demasiado para la personalidad narcisista. Es como colgar una golosina frente a un perro, o tener una botella de agua fría y cristalina frente a alguien que ha estado en una caminata de cinco horas en el calor. Usted es esencialmente una llama que espera ser apagada. Esto puede parecer una cantidad excesiva de analogías, ¡Pero espero que muestren el alcance de la dinámica cuando está en tu mejor momento! Lo único que está bajo su control es su respuesta. ¿Permitirá que su compañero narcisista lo saque de su flujo y lo lleve a una realidad disfuncional y dañina? ¿O se mantendrá firme, liberará esta codependencia poco saludable y se mantendrá totalmente comprometido con su verdad y su ser? Los límites son la clave aquí, como lo es el amor propio y el respeto propio.

Cuando está deprimido o sensible

La máxima manifestación de la codependencia es cuando estás deprimido o eres sensible. Es natural tener momentos de debilidad, baja moral o extrema sensibilidad; Todos pasamos por ciclos y etapas. Con un compañero amable, cariñoso y no narcisista, estos momentos le permiten a su otra mitad brillar, entrar en su compasión y ser un compañero hermoso. Los elementos de apoyo, compañía y ser la roca de alguien pueden aparecer en toda su belleza. En términos más generales, si sufres de mal humor o sensibilidad, eres la persona ideal para un narcisista. Un narcisista necesita a alguien a quien apegarse y a él también le gusta aferrarse. Esto finalmente expande su poder, ya que su codependencia con su narcisismo se perpetúa y aumenta aún más su narcisismo. Recuerde que un narcisista siente verdadera alegría, paz y placer por sus formas, no se los ve como una enfermedad o algo negativo para ellos. Por supuesto, como empático, esto puede ser una lucha.

"Alertas rojas"

El signo principal que es la raíz y el vástago de todos los demás signos, alertas rojas y cosas a las que hay que prestar atención se conoce como el "factor social", o específicamente, "*la ilusión social*". Esto es, en esencia, el encanto y la gracia social o la sabiduría que los narcisistas muestran cuando se encuentran en entornos sociales. Las reuniones familiares, los entornos de pares, el trabajo en grupo, los escenarios sociales con colegas o compañeros, y los grupos de amistad o situaciones sociales son momentos principales en los que realmente puedes ver a un narcisista como narcisista, si usted es capaz de desempeñar el papel de observador. En la sociedad actual, somos predominantemente extrovertidos. No es normal que alguien esté intrínseca y totalmente conectado a un grupo social y se siente en soledad, introspección, observación o con un bolígrafo, papel, o lápices y bloc de dibujo en la mano. Estos son el tipo de pantallas y comportamientos que definen el opuesto de un extrovertido: La introversión. Los introvertidos o aquellos predominantemente introspectivos inclinados, son altamente observadores. No necesitan hablar mucho y pueden ser miembros activos de cualquier grupo, círculo de amistad o entorno social a través de su silencio y subconsciente. Se dice que los introvertidos están muy enraizados en lo abstracto.

¿Cómo se relaciona esto con el narcisismo y con notar los signos de que puede estar tratando con un narcisista? Bueno, para empezar, puede aprender de ellos y tratar de encarnar sus rasgos. Es muy fácil ser atrapado y seducido por el encanto del narcisista, especialmente cuando siempre hay ruido constante, interacción y estímulos sensoriales para mantenerse bajo su hechizo. Sin embargo, separarse o retirarse ligeramente y asumir el papel de observador silencioso pero altamente consciente, al igual que lo hace una persona introvertida o introspectiva, le permitirá captar todas las pistas; ¡Y algo más! Tenemos una mente tanto intuitiva como analítica y lógico-racional. Muchos artistas, escritores, pintores, poetas, creativos y filósofos o pensadores profundos, están muy conectados con su hemisferio cerebral derecho. El cerebro derecho o el hemisferio derecho, está relacionado con la conciencia espacial, la creatividad, la intuición, la imaginación, el pensamiento y la percepción holísticos. Por esta razón, usted brilla cuando se vuelve menos extrovertido y "entra", prestando atención a los sentidos sutiles, las impresiones y motivaciones ocultas y los niveles de pensamiento superior, lo cual es natural como un empático.

¡Y esto es exactamente lo que un narcisista no puede ver! Lo que necesita saber sobre el narcisismo es que aquellos que lo tienen profundamente arraigado como parte de su personalidad, están tan entrelazados en sus propias historias y autoengaños, que es prácticamente imposible notar nada más que su propio mundo. Los narcisistas crean una realidad en la que son el centro del escenario, y nadie podría descubrirlos o exponerlos porque son tan arrogante e ignorantemente confiados (a pesar de que esta 'confianza' es falsa y no se basa en un verdadero sentido de autoempoderamiento), por lo tanto, en un entorno social, si alguien fuera un observador silencioso, feliz y contento en su propio mundo interior introspectivo o altamente observador y "fuera del radar"; un narcisista lo ignoraría. Casi se puede ver como su *punto ciego*.

Entonces, para ver realmente las señales cuando salga con un narcisista, tómese unos momentos para dar un paso atrás y jugar al introspectivo, tranquilo y antisocial del grupo.

Incluso puede parecer tímido, reservado o desanimado, pero esto está bien. Esto le permite el espacio para brillar en su propia forma silenciosa y llegar al núcleo de la personalidad de su potencial compañero. Todas las alertas rojas a continuación y las ideas de conocimiento en el resto de este libro, lo ayudarán a saber exactamente qué debe tener en cuenta. Tal vez incluso lleve un diario, un bloc de notas y un lápiz o alguna salida artística y creativa. Nadie juzgará y ni siquiera notará, que la verdad es que todos tienen un lado artístico. Sea el observador y observe el lenguaje corporal, las impresiones, las respuestas, los comportamientos y las expresiones faciales de su compañero de citas con atención (pero sutilmente). ¡Comenzará a desentrañar la verdad en poco tiempo!

Egocentrismo

Posiblemente la alerta roja más profunda es el egocentrismo de un narcisista. Durante la etapa de citas, esto se mostrará de muchas maneras diferentes, a través del lenguaje corporal, pasando momentos de contacto visual y su comportamiento general, palabras y creencias. Es prácticamente imposible ocultar su egocentrismo, y esta es una gran señal de alerta de su naturaleza narcisista.

Arrogancia

Momentos de arrogancia real y extrema, siempre brillarán cuando conozca a su narcisista por primera vez. Pueden intentar enmascararlo con palabras inteligentes, una actitud santurrona y auto-justificada, y un encanto e ingenio que creen que los disculpa, sin embargo, la verdad es que su arrogancia interna y profunda es una señal clave de advertencia para su verdadera personalidad por venir.

Jactancia y necesidad de admiración

Presumir será común cuando usted salga, incluso cuando sacan todos los movimientos para ser percibidos como encantadores, atractivos e inteligentes. Su necesidad interna de admiración y atención, no es como el deseo humano básico de la persona normal o la necesidad de supervivencia de conexión y atención. En lugar de centrarse en sí mismos y en sus dones, talentos y habilidades, se centrarán en los demás para ayudarlos a brillar. La comparación se usa como una herramienta en sus métodos y existe una fuerte sensación de ponerse en un pedestal. La necesidad de adoración es fuerte.

Derecho propio

Una alerta roja que puede no ser tan obvia pero que sigue siendo una señal clara, es el sentido de derecho propio de su compañero de citas. Independientemente de lo que estén hablando, ya sea situaciones familiares, amistades o algo en su entorno inmediato, siempre habrá un claro sentido de auto-derecho. La clave aquí es que muestran poco o ningún aprecio y hablan con una "confianza arrogante" cuando se refieren a algo que perciben como propio o digno.

Justicia propia

Al igual que con los derechos, la justicia propia es otra señal clara de que estás saliendo con un narcisista. Otras señales asociadas a tener en cuenta son; petulancia, falta de empatía, superioridad, hipocresía, falta de moralidad, menosprecio de los demás.

Menospreciar y "hablar negativamente"

Finalmente, hablar mal de los demás es una señal de alerta clave de que estás a punto de entrar en una relación narcisista codependiente. Mientras que la mayoría de las personas levantan a otros, ven la luz en los demás en busca de inspiración y un sentido de unidad, comunidad y unidad, o en general simplemente tienen cosas útiles, amables y productivas que decir; el narcisista participará en frecuentes conversaciones negativas e incluso menospreciará o calumniará. Pueden simplemente introducirlo en la conversación de forma manipuladora con alguna intención o motivación clara, falsa y oculta, o su personalidad puede ser más evidente y más directa. De cualquier manera, la necesidad innata de hablar mal de los demás y menospreciar a los demás es una bandera roja a tener en cuenta.

¿Por qué son tan atractivos?

Los narcisistas tienen un encanto carismático para ellos. Este encanto sólo puede disminuir y ser reemplazado por las características de la verdadera personalidad de un narcisista una vez que se haya enredado en la relación o ya esté casado. Hay algunos "puntos ciegos" que se suman a por qué son tan atractivos. Estos puntos ciegos son la atracción sexual, un deseo innato de codependencia, seducción, idealización, familiaridad y la necesidad de compañía.

1. *Atracción sexual*: Es fácil ignorar las alertas rojas y pasar por alto las características narcisistas de su pareja cuando hay una atracción sexual tan fuerte. La razón principal por la cual los narcisistas son tan atractivos es por su encanto. Son increíblemente encantadores, y esto los hace aún más atractivos. Debido al deseo humano innato de compañía, también el atractivo sexual se amplifica. El punto clave subyacente con la atracción sexual, es que desafortunadamente, nosotros como especie tenemos muchos traumas profundos y enterrados. Hay una cualidad ancestral en este trauma que a menudo se conoce como "heridas ancestrales". Básicamente, llevamos miles de años de trauma compartido y parte del campo de energía consciente colectivo. Es parte de nuestras psiques y se almacena en nuestras células. La realidad tal como la conocemos, puede verse como una especie de sueño, sin embargo, es un sueño compartido y hay muchas características y lecciones por las que atraviesan todos los humanos. Las heridas kármicas y ancestrales, el trauma y las

heridas no resueltas, son profundas y generalmente no es hasta la edad adulta, o si alguien comienza un viaje profundo de curación personal, que estas heridas profundas comienzan a salir a la superficie. En términos de atracción sexual hacia un narcisista, esto implica que hay un elemento fuerte de sentirse atraído por el dolor, el sufrimiento y el trauma que trae un narcisista. Por supuesto, es inconsciente, pero las heridas y dolores inconscientes a menudo pueden atraer experiencias inconscientes hasta que se curen. En este sentido, las futuras manipulaciones y abusos narcisistas que sufrimos cuando estamos con un narcisista, se deben a una herida profundamente enterrada que tiene sus raíces en la psique colectiva y la 'herida del alma'. Hay una parte natural del yo que está destinada a sufrimiento por ser humano. Al igual que la semilla que sólo conoce la oscuridad hasta que finalmente evoluciona y brota sobre la tierra, todos tenemos lecciones, pruebas y tribulaciones que son aspectos esenciales de nuestro viaje único. La intensa atracción sexual que uno siente por un verdadero narcisista se puede ver equiparándose a esto.

2. Deseo de codependencia: Si tienes baja autoestima, falta confianza o simplemente lo orientan hacia la codependencia, los narcisistas pueden ser extremadamente atractivos. Le atraen porque aparecen "en él", como si lo tuvieran todo junto. También dan la impresión de que son fuertes, centradas y sinceras, cualidades que son muy atractivas para una naturaleza sensible y sumisa. Realmente puede creer que el narcisista satisfará tus necesidades, además de ser la roca y la gema que desea. En general, la codependencia es una parte natural de la vida, sin embargo, su grado depende de sus propias inseguridades y sentido de independencia. Muchas personas codependientes complacen y se sacrifican de alguna manera por los demás. Debido a la naturaleza oculta de un narcisista (que sólo descubre mucho más adelante o una vez que ya está casado), esto los hace atractivos y magnéticos. Literalmente, los magnetiza en su órbita y viceversa, basándose en sus actitudes y creencias individuales, aunque muy diferentes, hacia la intimidad y la conexión. Al principio parece que está exactamente en la misma onda, sin embargo en el futuro se da cuenta de que su deseo de codependencia o simplemente una relación compartida y mutua está en polaridad con las intenciones del narcisista.

3. *Seducción*: Los narcisistas son expertos en la seducción. Han dominado el arte de la manipulación, y además, están cómodamente integrados en ese papel. La seducción no es sólo sexual, también es mental, emocional y psicológica. Pueden ser oyentes increíbles y proporcionar una falsa sensación de seguridad, permitiéndole creer que tienen sus mejores intereses en el corazón a través de su paciencia y habilidades comunicativas. Los narcisistas también tienen cualidades atractivas y utilizan la adulación, la revelación y la vulnerabilidad para atraerlo a una atracción seductora. Debido a que usted no es más sabio, esta falsa simulación es increíblemente estimulante y puede formar la base de su relación; hasta que aprenda de su verdadera personalidad. Pero esto puede ser una vez que esté casado, desafortunadamente. Si no es así y usted tiene la suerte de estar en la etapa de citas, o conoce a alguien que está y no quiere que cometa los mismos errores que usted, ser consciente de esto puede ser la clave para su felicidad inmediata y duradera.

4. *Idealización*: Los narcisistas pueden ser muy exitosos, triunfadores, poderosos, con múltiples talentos y alcanzados socialmente, y también pueden tener muchos logros que los retratan de manera favorable. Puede haber un fuerte sentido de idealismo, lo que significa que el narcisista se presenta como el ser humano supremo o ejemplar. Independientemente de si le falta confianza personal y autoestima, si es propenso a la codependencia, si le da mucha importancia al estatus social o si ve el éxito y los logros como una forma de poder; las "victorias mundanas" de un narcisista egoísta son algo que muchos idealizan. El poder, la audacia, el coraje y la fuerza, son todos el "yo ligero" del narcisista que se ha hecho un nombre o ha logrado alguna forma de grandeza en el mundo físico. Sin embargo, esto es una máscara, hasta que usted aprenda su verdadero narcisismo profundo, la persona que han creado puede ser extremadamente atractiva y seductora. Es mejor memorizar las banderas rojas como si fueran el Corán, el Bhagavad Gita o la Biblia.

5. *Familiaridad*: Desafortunadamente, llevamos muchas heridas con nosotros hasta la edad adulta. Esto significa que puede haber una profunda familiaridad con los narcisistas que nos atraen. Muchas personas tienen padres o abuelos narcisistas, por lo que sus formas y actitudes se convierten en una parte normal de la vida. Incluso si no estamos de acuerdo con ellos, los aceptamos y toleramos así; permitiéndoles entrar en nuestra realidad. Esto tiene un efecto inconsciente pero poderoso en nuestras corrientes internas. La química a menudo se traduce en un vínculo profundo e indescriptible. Su química con un narcisista, puede ser tan atractiva que los aspectos ocultos de la conciencia que contribuyen a su atracción, permanecen ocultos durante mucho tiempo. Durante la etapa de citas, siempre habrá una sensación de comodidad, como si los conociera de otra vida o tenga un vínculo inexplicable. Desafortunadamente, ya que esta "ilusión de alma gemela" es de hecho un vínculo kármico en el que inevitablemente se lastima, usted sufre a expensas de sus manipulaciones y no compasión, y aprende las lecciones personales de la manera más difícil. Aún así, es un vínculo innegable y uno que implica una conexión profunda y un sentido de familiaridad. ¡Con la sabiduría, el conocimiento y la orientación correctos, siempre puede ser más fuerte y más sabio!

6. *Necesidad de compañía*: La necesidad de compañía, es un deseo humano básico que nos impulsa a todos. Ni siquiera es humano, sino animal; un impulso y una necesidad presente en todas las especies y organismos vivos. Nacemos inherentemente sociales, criaturas que naturalmente gravitan hacia los caminos de la familia, la comunidad y la sociedad. La intimidad y la unión se sienten como algo que se puede proporcionar debido al encanto falso en las etapas de citas y conocimiento. Al igual que con las "heridas ocultas" y el posterior magnetismo expresado en la atracción sexual, su falta de conciencia sobre sus verdaderos colores puede ser muy atractiva si tiene alguna lección kármica o autoevolutiva que deba salir a la luz. Recuerde, la vida es un viaje e inevitablemente implica dificultades, dolor y sufrimiento. Siempre habrá oportunidades para que los ciclos de crecimiento y prueba se fortalezcan, integrando la sabiduría y la madurez recién descubiertas para ser mejores. Su atracción inicial por un narcisista y todo lo que tiene que traer es uno de estos.

Lo que les atrae

¡Cualquier cosa pura y natural! Todas y cada una de las bellas y atractivas cualidades están en el radar magnético del narcisista. Veamos esto al pie de la letra.

- Inteligencia.
- Intelecto.
- Ser empático y compasivo.
- Tener intereses humanitarios.
- Mostrar el corazón.
- Apertura.
- Madurez emocional.
- Amabilidad y amor por la vida.
- Actitud mental positiva.
- Espíritu: un espíritu abierto y feliz.
- Éxito y logros.
- Jerarquía o lugar social en la "escalera social".
- Recursos: bendiciones materialistas o logros.
- Talentos únicos, dones y habilidades.
- Un cuidado genuino por los demás, los animales y el mundo.
- Timidez e inseguridades.
- Alguien fácilmente moldeable.
- Belleza interior.
- Belleza externa y alguien a quien pueden "presumir".

Debido a que hay tantos elementos en la personalidad del narcisista, siempre pueden encontrar algún rasgo, don o aspecto único en el que aferrarse y utilizar como herramienta para sus motivaciones narcisistas más adelante. Pueden sentirse fácilmente atraídos por la timidez, las inseguridades y alguien "más débil" o menos maduro y envejecido que puede ser fácilmente moldeado o manipulado; tan fácil como podrían elegir a alguien más seguro y establecido dentro de sí mismos, ya sea con algunos logros y éxitos físicos reales, o con alguna fuerza única, calidad positiva y estatus social o jerarquía percibida. Como empático, ¡Esto lo convierte en un objetivo seguro! Además, los intereses humanitarios, la genuina preocupación por el bienestar y el bienestar de los demás, la empatía, la compasión, la moralidad, la amabilidad, la sinceridad, el buen corazón y la belleza interior, son cualidades que un narcisista busca. Ser consciente de las *alertas rojas* es algo a tener en cuenta y puede ser de gran ayuda si tiene una relación con un narcisista.

¿La pareja perfecta para un narcisista?

Aquí hay cinco razones principales por las que usted la pareja perfecta para un narcisista. (¡Hasta que sane y desarrolle los límites necesarios, por supuesto!)

1. *Magnetismo*

Siempre hay alguna cualidad magnética que lo une, ya sea su *encanto*, intereses compartidos o simplemente su empatía. Hay verdad en el dicho "los opuestos se atraen" y un narcisista es fundamentalmente, el polo opuesto de los empáticos (debido a su completa falta de empatía, emoción sincera y brújula moral interna).

2. *Alimentando a su personalidad*

Usted le da de comer. Alimenta su ego, alimentas su narcisismo y alimentas sus motivaciones por querer infligir dolor, sufrimiento o tristeza a otro. Por supuesto, no es responsable de sus comportamientos o sentimientos: Es su yo natural el que alimenta su personalidad narcisista. Cualquier cualidad positiva o encantadora que posea, es combustible para su incendio descontrolado y fuego destructivo.

3. ***La necesidad de prosperar de los demás (Para mantener sus ilusiones en juego)***

Ilusión es una palabra fuertemente asociada con el narcisismo y algo en lo que inconscientemente juega. ¡La *ilusión* también es precisa! Una ilusión es esencialmente una creencia idiosincrásica, pensamiento o impresión recurrente que contradice la realidad enraizada en algún tipo de desequilibrio mental o percepción defectuosa. Un narcisista necesita esto no sólo para prosperar sino para sobrevivir. Toda su realidad depende de ello, y además, necesitan que otros mantengan intactos sus delirios. Lo logran a través del miedo, la intimidación y el dolor que causan a los demás, y la posterior danza narcisista codependiente en la que se enredan sus objetivos.
En última instancia, su pureza de pensamiento, fe y esperanza o confianza en que hay belleza, bondad y verdad dentro de ellos, perpetúa su "prosperidad", por lo tanto, hace que su verdadera naturaleza sea la combinación perfecta para sus manipulaciones y motivaciones ocultas.

4. *Engaño y manipulación.*

Los narcisistas son tan engañosos y manipuladores que rebotan en tu honestidad y autenticidad. También se vuelven más fuertes y más poderosos en sus convicciones e ilusiones debido a ellos. Sus características son como chispas de sus cualidades engañosas y manipuladoras, lo que lo convierte en la pareja perfecta porque su encanto ya lo ha atraído. Recuerde, el encanto narcisista inicial y sus rasgos de personalidad narcisista extrema son parte del mismo paquete, ambos son dos elementos para la persona y el personaje narcisista que han creado. En cuanto a este punto, una vez que se sienta atraído y bajo alguna creencia o impresión de que son personas amables genuinas y afectuosas, capaces de amor, intimidad, amistad y compañía; desde este punto es muy fácil mantenerlo atrapado en su juego.

5. *Empatía y compasión*

Se ha dicho antes, pero hay que repetirlo. Cualquier persona capaz de niveles reales y profundos de empatía y compasión, son perfectos para el narcisista. Desafortunadamente, esto significa que usted y todas las personas en el planeta tierra que no se ven superadas por el trastorno o los rasgos narcisistas de la personalidad, tienen el potencial de estar entrelazados en una relación narcisista abusiva. Las palabras 'magnetismo' y 'alimentar su fuego' se han compartido bastantes veces, pero esto se debe a que estas son las dos expresiones más precisas para retratar y comprender realmente lo que está sucediendo. Puede ser difícil creer que cualidades humanas, decentes y vulnerables y sinceras como la empatía y la compasión, son catalizadores de la infligir dolor, la alegría y la felicidad de causar sufrimiento a los demás, y la manipulación e intimidación emocional; pero es una realidad que una vez aceptada, puede conducir a una gran curación, liberación y recuperación.

Personajes tóxicos, empáticos y límites: Los tipos de personajes que atrae

¡Los límites son su nuevo ángel guardián! Así como ha programado su mente para pensar y creer en ilusiones que le causan sufrimiento, convertirse en uno con los *límites* de los términos; y practicarlos a diario, podría ser una de las cosas más poderosas y amorosas que hace por usted mismo. Cuando tenemos límites, literalmente ponemos una barrera invisible. ¡Esta barrera es para toda la mierda! Es una línea invisible pero energéticamente real que dice NO a su tiempo, amor y energía. Mantiene su espacio como propio, y permite que su verdad, su ser más vibrante, se mantenga centrado y alineado. *Alinearse* es centrarse, estar en *sintonía*, y tener su enfoque y energía dirigidos más allá. Sin embargo, es muy importante tener en cuenta que tener límites no es meterse en una burbuja. Uno no se cierra del mundo, nuevas experiencias o seres queridos. El límite es para las personas y situaciones narcisistas, abusivas y dañinas. Es un círculo energético por así decirlo, el cual le dice al mundo: *"Sólo las experiencias amorosas, hermosas, conectadas y positivas son bienvenidas. Por favor, deje su basura y abuso en la puerta"*.

Una vez más, no se trata de cerrarse de los dones de su naturaleza empática; usted puede y seguirá estando allí para otros que realmente puedan necesitar su ayuda. Y este círculo invisible es también su lienzo. Al cerrarse a toda la energía potencial negativa, dañina y perjudicial, está *creando un espacio* para nuevas experiencias, conexiones y oportunidades. Estos pueden manifestarse en las formas de relaciones, oportunidades educativas, bendiciones y oportunidades de trabajo, o cualquier otra área de la vida. Cuando nos cerramos y decimos no a las experiencias, sentimientos y pensamientos que no queremos, *atraemos activamente* abundancia, felicidad y prosperidad en todos los aspectos de la vida.

Ahora, veamos personajes específicos y tipos de personalidad que pueden manifestarse en la vida diaria.

El narcisista

Como se mencionó, los narcisistas simplemente desean tomar. A ellos no les importan sus sentimientos o su bienestar de ninguna manera o forma. Cómo lo tratan, no les concierne. También eligen ver los aspectos "malos", *perturbadores u oscuros* de la vida y de usted. Literalmente, podría estar brillando frente a ellos y todavía no lo verían ni lo apreciarían. Sus verdaderas y hermosas cualidades, como la amabilidad, el cuidado, la empatía, la generosidad y la compasión, se desperdician en ellos, y además, cambiarán las cosas. Los narcisistas son altamente manipuladores y lo agotarán de su amor, energía y recursos.

El abusador

A diferencia del narcisista que simplemente no le importa, el abusador le causa dolor de forma activa. Prosperan en su malestar, sufrimiento y desesperación, y sus personajes son polos opuestos. Así como recibe alegría al ayudar a otros y al permitir que brille su lado amable y compasivo, los abusadores disfrutan infligiendo dolor a los demás. Aunque es importante tener en cuenta, que este no es su verdadero ser. Los abusadores están metidos en su ego, paradójicamente, realmente necesitan la ayuda de un empático amoroso y solidario (Aunque esto no significa que deba dárselos).

El celoso

Estos personajes se explican por sí mismos. Simplemente no pueden estar felices por usted y aunque pueden fingir, aparentar y sonreír en situaciones sociales para aparecer con buena luz, en realidad no lo son y nunca serán felices. Las cualidades que lo hacen real, son secretamente despreciadas por ellos, porque desean encarnar lo que posee y no han *evolucionado* más allá de la naturaleza egoísta y basada en la separación, lo que los pone celosos. Los personajes celosos son una de las principales razones por las que los empáticos encuentran muy difícil encontrar la felicidad en la vida y pueden hacerlo sentir culpable cada vez que lo haces.

El perseguidor

Los perseguidores llevan las cosas un paso más allá que los abusadores, ya que su deseo de hacerle daño es inconsciente, es muy profundo. Estas personas tienen una creencia *profundamente arraigada en su psique* que va más allá del día a día. Así como Cristo fue crucificado en la cruz y las brujas fueron quemadas en la hoguera, los perseguidores tienen un "bloque" inherente contra la naturaleza empática. Además, el bloqueo también puede manifestarse como *una verdadera venganza*, un aspecto muy oscuro y sombrío del ser que se encuentra en lo profundo de nuestro condicionamiento colectivo. Como los empáticos tienen que ver con la profundidad y los problemas de un perseguidor son profundos (a nivel del alma), los perseguidores pueden ser influenciados por el amor y el cuidado de un empático. Por lo general, se requieren muestras reales, profundas y conmovedoras de compasión genuina y un deseo de sanar para hacer esto.

El cínico

Estas personas simplemente no creen. No importa lo que haga, independientemente de lo que logre, simplemente no puede ser cierto. Los cínicos nunca le permitirán brillar en su luz más bella y verdadera, ya que simplemente se niegan a verlo. Las razones pueden ser muchas, como la falta de autoestima o amor hacia sí mismos que proyectan hacia afuera, o debido a resentimientos y celos invisibles, por nombrar dos ejemplos. Sin embargo, el punto fundamental es que es físicamente imposible para usted ser quien dice ser.

Una de las principales luchas de un empático en su viaje hacia el dominio propio y encontrar sus superpoderes, es desarrollar un discernimiento saludable, límites y aprender a proteger el campo de energía protectora y mantenerse centrado. Como amantes naturales, cuidadores y pacificadores con una belleza interior que irradia, este tipo de personajes son magnéticos para la empatía desprotegida. Aprender cuándo decir que no y practicar un ***egoísmo saludable***, es un aspecto importante del viaje empático.

Protéjase a sí mismo

Tenemos un cuerpo mental, un cuerpo físico, un cuerpo emocional y un cuerpo espiritual. También tenemos un cuerpo astral y se extiende más allá, el alma o el alma superior. Esta es la parte de nosotros que está conectada a la conciencia colectiva, el aspecto compartido de nuestro Ser que existe más allá del tiempo y el espacio y más allá de esta vida específica. En muchas escuelas de pensamiento y prácticas, específicamente aquellas relacionadas con culturas antiguas y modalidades curativas, se cree que todas las enfermedades y dolencias comienzan a nivel del alma. Se cree que cualquier dolencia, problema o desequilibrio tiene su origen en la falta de armonía de la conexión mente-cuerpo-espíritu. Así como nuestra mente afecta nuestras emociones y las emociones afectan nuestra salud física, todos nuestros cuerpos están conectados y tienen un profundo efecto el uno en el otro. En el Sistema Reiki de curación natural, por ejemplo, la curación se lleva a cabo en el éter, el cuerpo energético justo por encima del cuerpo físico. Se enseña y practica que la enfermedad y las infecciones, comienzan en el éter y se manifiestan en lo físico; por lo tanto, cualquier trabajo de energía aplicado al cuerpo etérico, tendrá un efecto positivo en el cuerpo físico (lo que por supuesto, afecta la salud mental, emocional y espiritual). Esto se debe a que todas las enfermedades provienen de la mente. La enfermedad es el cuerpo o la mente que se enferman consigo mismos. Como consecuencia, toda enfermedad, se dice que se origina del desequilibrio.

Los hallazgos de la fotografía kirlian respaldan esto. Hay un estudio fantástico que mide directamente los efectos físicos y la presencia de chi (cultivado por artistas marciales y sanadores de energía) que retrata la presencia del cuerpo de energía sutil, aura o escudo electromagnético. ¿Cómo se relaciona esto con ser empático? Bueno, un empático piensa demasiado, como se discutió anteriormente, y tiene patrones de pensamiento irracionales, neuróticos y psicológicos, que son perjudiciales y no ayudan. Los empáticos también sufren de emociones aflictivas e inarmónicas, y en general, ven a las personas y al mundo como algo separado de ellos. Esto es muy contradictorio, ya que la verdadera naturaleza de los empáticos, como ustedes saben, es empática, ven y sienten el mundo, las personas, los animales y toda la naturaleza como uno. Sin embargo, las personalidades frías, duras y abusivas, pueden llevar a la empatía sensible a cerrarse del mundo y contaminar su hermosa y conectadora forma de ver la vida. Entonces, ¿de dónde vienen estas distorsiones?

Aunque los empáticos tenemos una empatía natural y bastante poderosa, las distorsiones en nuestros patrones de pensamiento se deben a nuestra naturaleza sensible a las "cosas" de otras personas, las heridas y el condicionamiento colectivo. Estos patrones de pensamiento distorsionados afectan así las emociones. El cuerpo emocional se desorienta y absorbe las historias y proyecciones de todo y de todos los que te rodean. No hay enfoque o sentido de dirección, como el barco en el mar, por lo que lo empujan con la corriente en lugar de dirigir la corriente, o al menos, lo empujan a usted mismo. Simultáneamente, estas "cosas" pueden manifestarse como juicios de otros, percepciones distorsionadas y cinismo hacia sus dones, lo que tiene un profundo efecto en su capacidad de experimentarlos. Esto es hasta que aprenda a protegerse y centrarse.

Echando un vistazo más profundo a las distorsiones de los diferentes cuerpos

Toda la vida está diseñada para trabajar en armonía. Así como estamos conectados con el sol, el mar, el aire y la tierra, y ellos están conectados entre sí, nuestros propios cuerpos están diseñados para funcionar en armonía y funcionar como un todo, como una unidad. Nos referimos al término "cuerpos", ya que esto implica que hay más que realidad física y una forma tridimensional de ser y percibir. El espacio y el tiempo son elementos complejos, y la ciencia ha demostrado cómo existen todo tipo de fenómenos extrasensoriales en un universo energético. Por supuesto, como empático, ¡Esto ya lo sabe!

Se dice que todo funciona en un estado de vibración, de frecuencia. Así como las ondas de sonido y las partículas vibran a diferentes velocidades, también lo hacen los colores, los objetos y las cosas del mundo natural. Los científicos han hecho que los objetos leviten sólo a través del sonido y las vibraciones acústicas, y como ya sabrá, muchas especies de animales exhiben todo tipo de regalos increíbles. La tierra misma está destinada a funcionar como una entidad viviente y consciente donde todas las partes que interactúan son conscientes y sensatas entre sí. Nuestros cuerpos están destinados a lograr y mantener la homeostasis. Estas verdades muestran cuán interconectados y unificados se supone que debemos estar. Entonces, cuando se trata de la empatía, se dice que todo lo que no opera en armonía consigo mismo, la persona holística y completamente funcional, se encuentra en un estado de distorsión. Vivimos en un universo, y los dones y habilidades extra sensoriales, son tan naturales como todas las cosas sobrenaturales. Las cualidades sólo se han mejorado y evolucionado.

El lenguaje en sí mismo es un poderoso moldeador y creador de los puntos de vista, creencias y patrones de pensamiento de los empáticos, ya que las luchas que vemos se basan en las historias que nos contamos todos los días. Una historia puede verse como cualquier creencia, realidad, programación o condicionamiento que nos decimos que son reales. Sin historias, la vida simplemente no tendría sentido, ni verdad, ni sentido de dirección o enfoque.

Aquí hay algunas ideas breves sobre los tipos de historias que los empáticos nos contamos:

- "Todos piensan en mí o me miran. Se espera que esté en el programa o intente ser algo para todos ".
- "Se espera que siempre encuentre cosas inteligentes, interesantes o divertidas para hablar. Necesito ser lo mejor para todos las 24 horas del día, los 7 días de la semana, y no puedo relajarme ni estar en paz por mí mismo ".
- "Todos esperan que sacrifique mi salud, mi riqueza y mi cordura. Mi alegría y satisfacción no son tan importantes como las de los demás ".
- 'La gente siempre espera que me doble a su voluntad. Sólo estoy aquí para apaciguar y complacer a los demás ".
- "¡Finalmente soy feliz, exitoso y estoy en marcha! ¿Estoy haciendo algo mal? Ahora necesito dedicar todo mi tiempo y energía a ayudar a otros con un gran sacrificio para mí ".
- "Nadie quiere que sea verdaderamente feliz o exitoso. Estoy siendo egoísta ".

Como puede ver y sentir, ¡Estas historias son muy incómodas! Todas estas distorsiones de la mente provienen de una sensibilidad extrema y sobrecarga de sensibilidad y desequilibrios en los diferentes cuerpos. Como empático, esencialmente siente que necesita captar, sintonizar y responder a cada persona, animal o entidad natural en su entorno inmediato. Con el tiempo, las personas, los lugares y las situaciones, se convierten en historias, y antes de que uno haya integrado completamente lo que está ocurriendo, se ha convertido en el empático de todos. Ser empático de todos tiene algunas consecuencias negativas, puede afectar todos los aspectos del ser.

Veamos ahora las distorsiones de los diferentes cuerpos con mayor detalle.

El cuerpo mental

Este por supuesto, es nuestro plano mental de existencia donde surge todo pensamiento. Ahora, como nuestra mente, cuerpo y espíritu están diseñados para trabajar en armonía; conectados y unidos a sí mismos, se puede ver que las distorsiones de la mente tienen su origen en todos y cada uno de los otros cuerpos. A nivel del alma, si nuestras creencias arraigadas están particularmente distorsionadas, fuera de sintonía con el mundo natural y la forma universal de ser, entonces nuestros pensamientos se verán muy influenciados. En un nivel físico, si nuestros vasos divinos no son saludables, están fuera de balance o sufren de enfermedades o dolencias particularmente perjudiciales, nuestra mente se verá afectada. Emocionalmente, si sufrimos de discordia emocional y desunión, esto afecta aún más nuestra mente y los pensamientos que tenemos.

Nuestros pensamientos y creencias, por lo tanto, influyen enormemente en nuestras vidas y en el estado de salud de todos los demás cuerpos. Dependiendo de si usamos nuestras mentes positivamente para empoderar, enriquecer y atraer hermosas experiencias e interacciones en nuestras vidas, o negativamente con historias perjudiciales y dañinas, ser empático puede ser el cielo o el infierno.

El cuerpo emocional

Al igual que el cuerpo mental, el cuerpo emocional está intrínsecamente conectado a todos los demás aspectos del ser. Nuestras emociones y nuestro estado emocional de salud, influyen en los pensamientos que tenemos, las elecciones que hacemos en términos de los alimentos y sustancias que consumimos, y cómo nos sentimos físicamente. Nuestras emociones afectan los cuerpos espirituales y astrales, como si no estuviéramos en un espacio emocionalmente estable, seguro y conectado, no estamos abiertos a la conexión espiritual y la conciencia. El sentimiento es la clave con respecto a todas nuestras elecciones y cómo vivimos nuestras relaciones, carreras, proyectos personales, entusiasmo y felicidad diarios. Al igual que con los patrones de pensamiento repetitivos, estar atrapado en patrones emocionales cíclicos, mantendrá las mismas historias repetidas, lo que no le permitirá avanzar en la vida y atraer nuevas oportunidades, bendiciones y experiencias. Uno de los principales regalos de una empatía es la capacidad de conectarse con los demás y sentir lo que sienten, las distorsiones en el cuerpo emocional de uno, pueden evitar que un empático acceda a su verdadero propósito, camino y sentido de la pasión. La mayoría de los empáticos eligen profesiones o actividades que le permitan ayudar a otros de alguna manera, o al menos estar emocionalmente disponible en la vida diaria, para conectarse con otros en un nivel real y empático.

El don de la empatía es por este motivo, poder sintonizar con las emociones de otras personas, poseyendo una madurez emocional extrema. Hasta que uno desarrolle esto dentro de sí mismo, y acepte tanto la luz como la sombra, las cualidades hermosas y no tan favorables dentro del ser y en la vida misma, los patrones emocionales no resueltos y las distorsiones emocionales repetidas continuarán manifestándose.

El cuerpo espiritual

El cuerpo espiritual es el lugar donde surgen todos los estímulos y dones espirituales, extrasensoriales y psíquicos. La clarividencia, la clariaudiencia, lo clarisiente, la telepatía, la percepción extrasensorial y la profunda empatía están bajo el dominio del espíritu. Todo tiene una esencia espiritual, como todo tiene una esencia energética; todo el universo está gobernado por fuerzas invisibles e invisibles. Dependiendo de la forma en que uno perciba y el significado que desean dar, sintonizarse con el cuerpo espiritual es muy fácil. En esencia, ser espiritualmente consciente o estar conectado al cuerpo espiritual es percibir y estar abierto a los reinos más sutiles de la existencia. Se trata de sentir, ser un participante activo en la vida diaria, y elegir experimentar el mundo y todo lo que tiene para ofrecer de una manera conectada, en armonía y en sintonía con el mundo natural. También se extiende más allá de esto, ya que se encuentra en el ámbito del espíritu, donde se puede acceder a todos los fenómenos psíquicos descritos.

En términos de los otros cuerpos, si hay una interrupción en el cuerpo espiritual, esto tendrá un profundo impacto en la salud mental y emocional. Si uno no ve desde una forma de ser amorosa, compasiva e interconectada, los pensamientos y las emociones, estos se verán influenciados posteriormente. Sentirse espiritualmente conectado con nosotros mismos y con el mundo que nos rodea, proporciona una sensación de paz, amor y satisfacción y conexión interna; por lo tanto, las distorsiones en el cuerpo espiritual también pueden tener un efecto negativo en nuestro bienestar físico. Problemas como comer en exceso, comer con comodidad, elegir los alimentos equivocados; y en general, no dar a nuestros cuerpos el amor y el respeto que merecen, se relacionan fuertemente con la enfermedad espiritual. Como empático, usted está naturalmente más en sintonía con los aspectos espirituales del ser (incluso si actualmente no está accediendo a ellos); por lo tanto, las desconexiones del espíritu lo afectarán más severamente que otras.

El cuerpo físico

El dicho "su riqueza está en su salud" tiene una gran verdad. Cuando nuestros cuerpos físicos, nuestros recipientes divinos, no están sincronizados, esto afecta en gran medida todos los demás aspectos de nuestro ser. Los pensamientos, las emociones, los sentimientos y la capacidad de conectarse con los aspectos más sutiles y espirituales de la vida, se ven profundamente afectados. Podemos volvernos pesados, letárgicos, desmotivados o inmóviles. Podemos estar estresados, ansiosos a diario o sufrir tensión nerviosa. Cualquiera de los sistemas de nuestro cuerpo físico, inmunológico, digestivo, circulatorio, esquelético, nervioso o neurológico, puede verse afectado. El cuerpo también envía señales e impulsos a las diferentes partes de sí mismo. Estos neurotransmisores transmiten literalmente datos, información y estímulos sensoriales a todos los diferentes aspectos del cerebro y la forma en que funciona. Como el cerebro es responsable de recibir estímulos y dar sentido a toda la información recibida, un cuerpo físico desequilibrado y poco saludable, puede tener un efecto negativo en nuestras emociones, sentido de alegría, capacidad de aprender y procesar información, y todos los demás aspectos de la vida. En términos de conexión y mejora de regalos únicos, si hay un problema en la transmisión, el mensaje se interrumpirá. En otras palabras, no tendremos las sinapsis o conexiones disponibles para sintonizar con niveles más sutiles de percepción y conciencia.

Tratar nuestros cuerpos físicos con el amor y el respeto que se merecen, por lo tanto, al comer alimentos enteros, muchas frutas, verduras y hierbas, y eliminar alimentos tóxicos, como azúcares, químicos y conservantes procesados y artificiales, puede tener un efecto muy poderoso sobre nuestra salud mental, emocional y espiritual, y nuestra capacidad de prosperar y sobrevivir como empático. ¡Su riqueza está en su salud!

Conocer sus diferentes cuerpos, le permite comprender por qué es tan importante protegerse y desarrollar límites más fuertes. ¡Consulte mi primer libro para obtener más información sobre esto!

Cómo recuperarse del abuso narcisista

Esto nos lleva a recuperar su poder. En pocas palabras, y algo que ya sabe en el fondo, todo esto llega a los límites, la conexión a tierra y el fortalecimiento de su aura y su centralidad interna. Usted un ser muy sabio, humilde y poderoso querido empático, pero permitir que los personajes tóxicos lo traten de la manera en que lo hacen, es dar un mal ejemplo no sólo a su mismo, sino a cómo usted permite que otros personajes potenciales lo traten. El amor propio es una de las formas más poderosas para sanar de este tipo de relaciones, y afortunadamente, existen muchos métodos para amarse a sí mismo.

Técnicas para el amor propio:

• *Autocuidado*. Una de las mejores maneras de practicar el amor propio, es participar en el cuidado personal diario o frecuente. Esto puede incluir el auto-masaje, tratarse con mimos y amar a su cuerpo con alimentos saludables y nutritivos, como batidos de superalimentos, y chocolates crudos con cacao caliente. Tómese el tiempo para usted. y verá cómo esto afecta poderosamente su confianza interna y sus límites naturales.
• *Recibir curación*. Recibir curación ya sea a través de la terapia, la curación energética, el apoyo o el asesoramiento de pares, realmente puede ayudar. Hay muchas vías de curación, y algunas pueden no ser adecuadas para usted. Por ejemplo, puede resonar más con las terapias prácticas como el masaje indio de cabeza, el masaje holístico o la terapia con cristales, o puede sentirse más inclinado a hablar con un terapeuta onírico experimentado, un hipnoterapeuta o un terapeuta de regresión de vidas pasadas. Meditar y

conectarse con tu naturaleza y alma interior, puede ofrecerte la guía para lo que pueda necesitar.

• *Seguir tus pasiones*. La mejor manera de recuperar su poder personal y conectarse con su verdadera naturaleza es hacer lo que usted ama. Tomarse el tiempo para dedicarse a su pasatiempo favorito, pasar tiempo con amigos cercanos o seguir sus propios sueños, pasiones y aspiraciones personales, se distanciará naturalmente de cualquier conexión tóxica o destructiva en la que pueda enredarse. Comienza con pequeños pasos, pero con el tiempo, su campo de energía interno perderá su atracción magnética hacia aquellos que lo sacan de su alineación e integridad.

• *Medite sobre la compasión*. Meditar sobre la compasión y el amor propio, puede ayudar a mejorar las cualidades internas. Esto es porque cuando usted medita, energiza aquello a lo que le presta atención. También libera todo lo que ya no sirve para su mayor alegría o ser en el proceso. La meditación consciente, también puede ser muy efectiva para cambiar sus patrones de pensamiento y respuestas neurológicas a ciertas situaciones y juegos o interacciones de energía, ya que la atención plena es una forma de reprogramación mental en sí misma.

Fortaleciendo y protegiendo tu mente

Ejercicios de reprogramación mental

La forma más efectiva de remodelar las estructuras mentales, y los patrones de pensamiento restantes que lo afectan negativamente, es incluir una serie de ejercicios de reprogramación mental en la vida diaria. Esto se puede hacer recibiendo la ayuda de profesionales calificados y con experiencia, como terapeutas cognitivos conductuales, terapeutas de hipnosis y terapeutas de programación neurolingüística. Todos estos, sin embargo, también se pueden practicar por su cuenta.

Todos los días antes de irse a dormir, dedique media hora a una hora de actividad de reprogramación mental. Esto implica lo siguiente:

• Latidos binaurales, los cuales son frecuencias de sonido que tienen efectos específicos en el cerebro. Se pueden usar y sintonizar para recibir un efecto específico, remodelando las estructuras neurológicas que son responsables de los pensamientos, la conciencia y todos los aspectos relacionados con la mente (que tiene un profundo efecto en el resto del yo).
• Acuéstese y coloque su mano izquierda sobre su estómago y su mano derecha sobre su corazón. Establezca la *intención* de permitir que la energía curativa fluya a través de usted y armonice su mente, cuerpo y emociones. Conéctese a la energía de los latidos binaurales y concéntrese en su respiración. Sienta sus manos calientes mientras comienzan a canalizar el chi, la energía de la fuerza vital, mientras mantiene su conciencia en sus niveles internos de ser. Permita que los sonidos lo lleven a un estado alterado de ser.

Este es un ejercicio muy poderoso y puede usarse para una variedad de efectos.

Los latidos binaurales que tienen un efecto intrínseco en su sistema neural y que posteriormente afectan el pensamiento, el sentimiento y los niveles de percepción, están respaldados por mucha investigación; sin embargo, Front Psychiatry publicó un estudio profundo para apoyar esto, el cual descubrió que los latidos binaurales y la estimulación auditiva, afectaban activamente tanto la cognición como el estado de ánimo.1 ("Estimulación del ritmo auditivo y sus efectos sobre los estados cognitivos y del estado de ánimo", 2015)

Esto es especialmente útil para un empático, ya que hasta que encuentre su flujo puede ser propenso a los aspectos "oscuros" de la vida y el ser. Es natural pasar por estados de ánimo bajos de vez en cuando, sin embargo, desafortunadamente, absorbe los estados de ánimo bajos, dolores, heridas y traumas de los demás. Esto significa que cualquier herramienta probada y útil; en este caso latidos binaurales, para mejorar su estado de ánimo y sus habilidades de funcionamiento cognitivo mejorarán significativamente todos los aspectos de su vida.

Fortaleciendo y protegiendo tus emociones

Meditación

Al igual que los ejercicios de visualización explorados anteriormente, concéntrese en el área del estómago. Esta área se conoce como su sacro y dantiano o "centro de chi" para algunos. Su sacro encarna sus emociones, su sexualidad y su creatividad. Si hay bloqueos en cualquiera de estos tres aspectos de la vida, los otros se verán afectados. Meditar en su sacro, por lo tanto, puede ayudar a aumentar un flujo saludable de chi a través de su cuerpo y liberar cualquier emoción almacenada o reprimida. Esto es particularmente efectivo para dejar ir, trascender patrones emocionales perjudiciales repetitivos y curar cualquier herida reprimida. Como usted sabe, como empático que funciona a una alta frecuencia emocional, los ejercicios que se enfocan en su área sacra, la región responsable de sus emociones e intuición (de ahí que su intuición a menudo se llame su "intestino" o "instinto"), son esenciales Use los ejercicios de visualización combinados con la respiración y la meditación para sanar su región sacra y permitir que su yo empático brille en su luz más verdadera.

Además, vincularse a ejercicios como la meditación y la visualización, es una *meditación consciente* específicamente en su intuición. La intuición es una parte inherente a ser empático, no puede separarlos. Aprender sobre técnicas únicas y de autoevolución para conectarse con su intuición, le permitirá prosperar como empático, en lugar de ser "arrastrado por la corriente".

Fortalecer y proteger su cuerpo físico

¡Coma sano! La transición a una dieta vegana o de alimentos integrales puede tener algunos efectos poderosos en su capacidad de prosperar como empático. La confianza puede aumentar, puede sentirse más liviano y conectado con su corazón y su verdadero yo, y generalmente puede estar más seguro de su valor, dones y habilidades.

Cuando comemos alimentos integrales saludables y de alta vibración, nuestros vasos físicos se vuelven más ligeros. Esto a su vez, afecta nuestra mente, emociones, espíritu y naturaleza empática. Los alimentos como frutas, verduras, frijoles y legumbres, nueces y semillas, infusiones y versiones más puras de los alimentos que le gustaría comer tienen un profundo efecto fisiológico y psicológico en el sistema nervioso. Como los empáticos tienden a sufrir de autoconciencia, sobre sensibilidad y nerviosismo de vez en cuando, comer los alimentos correctos mejorará todos los aspectos de la vida.

Consejo práctico: *¡Deje el azúcar!* El azúcar es una de las principales causas de estrés en el cuerpo y la mente y es especialmente dañino para la naturaleza sensible de un empático.

Dejando ir el amor tóxico

La mejor manera de tratar a los narcisistas como empáticos, es simplemente no tomarlos demasiado en serio. En pocas palabras, no necesita involucrarse con su drama. Como hay muchas personas que tienen personalidades narcisistas, y a menudo, usted ha compartido amigos o familiares, transforme sus conocimientos en humor. No se deje afectar e intenta elevarlos con su energía y formas. Por supuesto, lo ideal es que no quiera asociarte con narcisistas reales, sin embargo, si usted está en una situación en la que es necesario, ¡Ríase! Aporte humor y alegría a la conversación. De esta manera, la energía se dirigirá hacia una luz positiva.

Otra forma profunda de tratar con un narcisista es aumentar su sentido de los límites personales. Como se mencionó anteriormente, los narcisistas gravitan hacia usted como un imán; por lo tanto, tener límites fuertes puede ayudar a superar todos los problemas asociados con sus personalidades tóxicas.

Cuando se trata de abusadores

Con los abusadores, es esencial que se proteja. A diferencia de los narcisistas, como se discutió, estas personas realmente desean causarle daño, dolor y sufrimiento. Es importante establecer sus límites de protección y mantenerse fuerte dentro.

Consejo: Practique afirmaciones y mantras diarios para fortalecer su mente. Son extremadamente poderosos y efectivos para fortalecer su mente y mantenerse fuerte y fiel a usted mismo. Combinado con ejercicios de autocuración, como la meditación y la atención plena, podrá colocar una barrera energética a sus "cosas".

Siempre recuerda tener amor y respeto por ti mismo. ¡Merece mas!

Cuando se trata de tipos celosos

¡Mátelos con amabilidad! OK, tal vez no los mate. Pero la creación y la destrucción son elementos fundamentales de la vida. Para las personas profundamente celosas, matarlas con amabilidad es hasta cierto nivel, una destrucción de su mundo. La realidad que han creado entra en duda y sus ilusiones se rompen. La mejor manera de lidiar con una personalidad celosa es ser su ser hermoso, brillante, compasivo y empático. Recuérdeles con amor y humor lo que tienen para ellos, y alquile su expresión negativa en una positiva. Haga la conversación sobre su fortuna, éxito, talentos y dones, y permita que el foco de atención esté sobre ellos. En este sentido, está manteniendo el espacio y brillando su luz interior, y aunque parezca que han "ganado" y sólo los está apaciguando, de hecho, usted está en un proceso de auto-dominio. Está permitiendo su verdadera naturaleza de empatía, amabilidad y compasión para brillar.

¡Entonces, déjelos brillar! Pero siempre tenga en cuenta su poder silencioso y las energías que se desarrollan detrás de escena.

Cuando se trata de perseguidores

Los perseguidores necesitan curación, y mucho de lo que hacen y dicen es inconsciente. Hay muchas maneras de vivir, interactuar y estar cerca de perseguidores con éxito y sin perderse. Cada uno dependerá del individuo.

La mejor manera es sugerir e introducir actividades que usted sabe hacerlos felices. Esto es específicamente para amigos y familiares (si se cruza con extraños que quieren quemarlo en la hoguera, simplemente aléjese). Esto se debe a que hay una profunda y enterrada infelicidad y traumas presentes en los perseguidores. Ellos ven su naturaleza empática y las hermosas cualidades que lo hacen sentir así, e instintivamente atacan o defienden. El problema es profundo, y lo más probable es que las heridas y los traumas no curados se hayan acumulado durante toda la vida.

El problema, por lo tanto, se encuentra en el nivel del alma. Sin embargo, dado que la vida diaria no se trata sólo del alma, las personas toman decisiones y experimentan la felicidad de la estimulación mental, emocional y física, la mejor manera de prosperar y sobrevivir como empático con los perseguidores, es hacer lo que los hace felices. Todos estamos conectados intrínsecamente, y a veces, su camino y sus "Me gusta" no son el único camino.

Si usted puede aprender a equilibrar y armonizar su personalidad con la de ellos y dar una cantidad saludable de sacrificio, encontrará que la vida en torno a un perseguidor se vuelve mucho más fácil. Realmente comenzarán a apreciarse el uno al otro. Todas las actividades empáticas que ama y mantiene verdaderas, como salir a caminar para conectarse con su árbol favorito, serán respetadas y permitidas como usted también lo ha permitido. También puede vibrar activamente pensamientos de amor, compasión y curación cuando están en su compañía.

Cuando se trata de cínicos

Como los cínicos simplemente no lo ven, la forma más adecuada es simplemente dejar de preocuparse. Como empático, usted se preocupa profundamente, por lo que puede ser difícil al principio, pero reconocer y aceptar que sus mentes están programadas de cierta manera puede llevarlo a una existencia feliz. Sea usted mismo y no se preocupe por lo que piensan o creen. Este es un gran ejercicio para desarrollar el carácter, y una forma de ser, ya que le permite mantenerse en su verdad y estar completa y totalmente fiel a usted mismo. Al ser usted mismo, les está mostrando activamente las cualidades hermosas y únicas de una naturaleza empática e inspirándolos en secreto, incluso si parecen no responder. ¡Sea inspirador!

Otra forma profunda de conectarse con su empatía y fortalecer su resolución simultáneamente, es reconocer que está aquí para mostrar una nueva forma. Usted es inspirador, querido empático, y aunque "el hombre fue creado igual", no todos somos iguales. Tiene formas únicas de ver, percibir y experimentar la realidad, y por lo tanto, puede elevar a otros a nuevas alturas, ofreciendo una dimensión integrada y holística a cualquier actividad o interacción compartida. Todos somos estudiantes y maestros, y sin importar sus locuras o problemas de sensibilidad y límites, usted es uno de los tipos de personas más evolucionados entre nosotros. Una vez más, no muchas personas pueden conectarse en el raro nivel en que usted puede hacerlo, y un cínico que lo cuestiona o duda, claramente no es empático. Ser el maestro para los demás, y a la vez, ser el humilde estudiante para usted mismo, podría ser una de las cosas más amorosas y motivadoras que usted hace.

Capítulo 3: La siguiente etapa en el ciclo evolutivo

Amor kármico VS amor de alma gemela

El tema del amor kármico vs amor del alma gemela es intrínseco al viaje empático. El amor kármico es esencialmente amor tóxico, mientras que el amor del alma gemela es amor auténtico, emocionalmente profundo y sincero e integrado. Integrado se refiere a una conexión y vínculo equilibrado, integral y holístico: Mente, cuerpo, emociones, espíritu y alma. Las almas gemelas están aquí para enseñarnos sobre nosotros mismos. Y la mejor manera de comprender el amor al que está destinado es romper los elementos centrales de una relación y vínculo de alma gemela. (¡El amor kármico o tóxico es esencialmente una relación con un narcisista!)

Un profundo lazo de amistad

Las almas gemelas tienen un vínculo subyacente simbolizado por el respeto mutuo, la armonía, la amistad y el reconocimiento. Se reconocen mutuamente y saben que, hasta cierto punto, si no fueran amantes y estuvieran involucrados romántica o sexualmente, aún poseen la capacidad de una gran amistad. El respeto, el entendimiento mutuo y la cooperación definen sus motivaciones e intenciones para su relación, y ambos sienten exactamente lo mismo; usted en la misma página. Como empático, este vínculo platónico se mejora y es aún más poderoso en una conexión de alma gemela debido a su capacidad de sentir tan profundamente.

Dones espirituales o psíquicos compartidos.

Muchas almas gemelas tienen una profunda conexión espiritual. La telepatía puede ser común, por ejemplo, puede saber cuándo el otro está a punto de llamar o entrar a la habitación sin ninguna advertencia física. También usted sentirá cosas más allá de la norma; ¡Su conciencia de la presencia de los demás se intensifica profundamente y compartir pensamientos, palabras o emociones no es infrecuente! Es muy probable que también haya un elemento en la lectura de las mentes de los demás, que literalmente posea un don psíquico o clarividente para sintonizar con el aura y el campo de energía de su compañero. Es en el aura, el campo de energía electromagnética que nos rodea, que los pensamientos, emociones, creencias, impresiones sutiles, proyecciones mentales y el estado de salud vibratoria de uno (su vibración o frecuencia personal) se pueden ver y sentir, experimentar y ser sentidos. Las almas gemelas a menudo tienen un vínculo invisible y profundo entre sí en los planos sutiles del ser, un vínculo que trasciende el espacio y el tiempo.

Un sentido de propósito compartido…

Muchas almas gemelas tienen los mismos intereses y pasiones internas que se manifiestan como un servicio compartido o un regalo para la humanidad, el planeta o alguna causa importante y significativa. Usted brilla más cuando presta un servicio amoroso o útil a alguna causa o ser, y específicamente cuando lo hace con su amante. Su luz y esencia divina se activan, y hay un fuerte deseo de superarse a sí mismo tanto para su alma gemela, como para las personas o la causa a la que están ayudando. Puede optar por basar esta pasión, talento o regalo en una profesión y camino de la vida, o simplemente participar regularmente como un pasatiempo. De cualquier manera, la pasión compartida de su alma se refleja en el mundo y fortalece aún más su relación.

Todas las relaciones se sentirán bastante por debajo del estándar y tóxicas hasta que alcance un estado vibratorio dentro del cual pueda compartir su amor con un alma gemela. ¡El alma gemela es realmente extraordinaria, como usted!

¡Elevando su vibración y de la humanidad!

Se puede sugerir que la naturaleza empática, es el último viaje en el salto evolutivo. A diferencia de los muy sensibles que pueden sobrecargarse con sus sensibilidades únicas, la empatía se ha afinado y se *ha convertido en uno con ellos*. Luego puede usar estos regalos sensibles y empáticos para ser sanadores, canales, guías y guías para otros. Incluso si uno no basa sus dones en una profesión estructurada, todavía los está utilizando a diario. Esto por supuesto, activa la conciencia. Cuando un individuo accede a ciertos codones de información o se conecta, en un nivel real, a un arquetipo específico, se crea un efecto dominó. **La frecuencia vibratoria del elemento que se explora se activa**, permitiendo que otros en todo el mundo tengan un acceso más fácil. Al desbloquear los dones espirituales, el espíritu mismo se vuelve más accesible, y como todos estamos conectados, nos despertamos más a sus propios dones internos.

Un viaje individual empático, por lo tanto, está intrínsecamente conectado al viaje colectivo, y es por eso que es esencial que todos los empáticos de todo el mundo se despierten y entren plenamente en su hermoso poder empático, dejando ir las viejas historias de sobre-sensibilidad, baja autoestima, tendencias depresivas y *abrazando* sus *superpoderes*. Conectado a esto está la importancia y el poder del amor incondicional y la autoaceptación.

Como ya saben, una gran parte del viaje empático es sobre el amor y la aceptación. Los empáticos tienen esa fuerte **tendencia a luchar por la perfección**, aspiran a **ser lo mejor y** *estar ahí para todos* en todos los sentidos. En la búsqueda de la pureza y la perfección, usted descuida sus propias necesidades y deseos personales. A causa de esto, **en última instancia se puede ver que aceptar e integrar completamente la sombra**, los aspectos de uno mismo y la personalidad empática que preferiría no abrazar o aceptar, es el logro final en el objetivo de dominar y **alquimizar su sensibilidad en superpoderes.** Como empático, usted tiene algunos dones notables, algunos de los cuales muchos en este planeta pasan días, semanas e incluso años con el objetivo de perfeccionar. Sin embargo, con usted son inherentes y completamente naturales.

Antes de que podamos entrar completamente en cualquiera de nuestros roles elegidos o dados, es esencial que practiquemos el amor incondicional por nosotros mismos, no sólo por todos los demás. Amarse y tratarse con el respeto, la amabilidad y la atención que usted merece le permite ser el hermoso ser empático que desea ser plenamente. Autocrítica, tomarse demasiado en serio, sacrificar sus propias alegrías y paz por los demás; estos simplemente no funcionarán. Sólo cuando usted está lleno y completamente recargado puedes brillar su luz y sus dones a los demás, y todo comienza con el amor propio y la aceptación. Como un niño empático, casi con seguridad, se le dijo que dejara de ser tan sensible o se avergonzó de alguna manera por serlo. Lo más probable es que sintiera que no podía ser usted mismo o que tuviera que reprimir sus sentimientos porque estaban "equivocados". Probablemente no tenía padres o tutores que pudieran conocerlo en su nivel, sin importar cuánto lo amaran. Entonces, trajo estas heridas a la edad adulta, y se manifestaron como problemas y dolores en sus relaciones. Pero ahora usted es fuerte, sabio y centrado. **Usted es un alma hermosa, divina, cariñosa y empática**, y por ahora espero que se de cuenta de esto. Todos esos traumas infantiles, heridas inconscientes y patrones de comportamiento ya no juegan un papel en su vida. ¡Ahora usted es libre de hacer brillar sus superpoderes en el mundo! Comience con amor incondicional y aceptación.

Como se exploró brevemente a lo largo de estos capítulos, los empáticos tienen una naturaleza curativa. Usted es amable, posee habilidades de escucha increíbles, opera a una frecuencia emocional mucho más alta que muchas, y naturalmente se encuentra gravitando hacia aquellos que necesitan su ayuda de alguna manera. Por esta razón, los empáticos **son sanadores naturales, terapeutas, consejeros e intuitivistas espirituales.** También pueden **ser artistas, músicos, creativos y visionarios increíbles**, como se exploró anteriormente (libro 1). Usted el don de la vista, puede ver las cosas más allá de la superficie, y cuando se expresa creativamente, se puede usar para producir genio e ideas *extraordinarias*.

Con respecto a la curación, debido a su capacidad para fusionarse con otra persona, sentir sus sentimientos y conectarse con ellos a un nivel tan profundo, esto es increíblemente poderoso si elige fundamentarlo en una carrera como los campos holísticos o curativos. Sus niveles *avanzados de intuición y conciencia* también significan que prosperaría en cualquiera de los campos metafísicos y espirituales, como el tarot y las lecturas psíquicas, Reiki y la curación de energía, y el asesoramiento espiritual. En combinación con su amor por el mundo natural y la conexión con los demás, los empáticos también se dirigen hacia el bienestar animal, el trabajo de caridad, el ambientalismo y los campos de cuidado, enfermería o apoyo. Ahora, como todos están en su propio viaje único, sólo usted sabrá qué camino y carrera es mejor para usted, a través del trabajo a través de todas las técnicas para conectarse a sus superpoderes en este libro (¡E integrándolos a diario!).

Capítulo 4: Mirando hacia el subconsciente

Su yo de las sombras; una raíz para la curación y la integridad

Como se discutió brevemente con anterioridad, sus traumas y heridas ancestrales son problemas que han crecido con usted desde la infancia. Son los aspectos *subconscientes y reprimidos* de usted mismo que se introducen en las relaciones adultas y pueden conducir a algunas experiencias muy dolorosas y difíciles. Los traumas y las heridas también son más profundos que esto, ya que son parte de la psique colectiva; son universales. Entonces, ¿qué significa esto como empático?

A medida que asume las cosas de todos los demás, desde sus emociones hasta sus estados de ánimo, pensamientos y ser interior, esto significa que también corre un mayor riesgo de absorber los traumas personales de otras personas. Estos son los traumas y heridas que se han acumulado no sólo en esta vida, sino en muchas. Todos tienen una huella del alma única, una historia específica, una frecuencia y un plano único para ese individuo. Como empático, por lo tanto, es muy fácil conectarse inconscientemente con algunos de los traumas no resueltos más profundos y ocultos de otra persona. La persona misma puede no ser consciente de ellos. Existen en el *nivel del alma*, enterrados detrás de la superficie. Entonces, esto nos lleva a uno de sus *superpoderes*, y en última instancia, define por qué la empatía es un regalo tan increíble. Sin siquiera darse cuenta, naturalmente *sintoniza* dolores, traumas, heridas invisibles o escondidas detrás de escena, y los saca a la luz.

Ahora, esto es increíblemente poderoso y puede usarse para un gran beneficio. ¡Si se usa correctamente, con amor, compasión y amabilidad, puede convertirse en una verdadera joya en la vida de alguien! Sin embargo, si se usa negativamente, se podría decir que está *abusando de su poder*, sintonizándose y conectándose a este regalo empático especial para causar daño o satisfacer su propio ego y sentido de valor. Por lo tanto, toda la *intención* de conectarse a su superpoder es vivir con amor, vivir desde el corazón. Sin embargo, antes de que pueda hacer esto, hay traumas personales únicos para la empatía que deben abordarse. Todo lo anterior es completamente real y verdadero. Como empático, *puede* conectarse inconsciente o conscientemente con otras heridas y traumas ocultos para sanar y ser de ayuda. Pero primero, al igual que con todos los empáticos, debe asegurarse de que usted está curado en todos los niveles, para no asumir el dolor de otro de una manera que sea perjudicial para usted. De lo contrario, la vida será un círculo vicioso repetitivo y ¡Usted podría volver al comienzo de su viaje!

Veamos la forma en que el trauma puede manifestarse en la vida:

• Pasar mucho tiempo solo, en un grado poco saludable.
• Crear un mundo de sueños y escapar de la realidad (conductas escapistas / escapismo).
• Adicciones como comida, alcohol, tabaco, sustancias, drogas, televisión, lujuria y pornografía o sexo.
• Autoconciencia e incapacidad para decir su verdad.
• Reprimir, negar o escapar del dolor, bloqueando el sufrimiento real.
• Ir al punto de introversión extrema.
• No poder conectarse, experimentar intimidad (platónica) o tener relaciones íntimas.
• Menores temores a lugares públicos, reuniones sociales y multitudes.
• Sensible en las relaciones íntimas.
• Atraer narcisistas, vampiros energéticos y tipos opresivos o abusivos.

Estos, por supuesto, se vinculan con las luchas de un empático, por lo que si se encuentra experimentando cualquiera de los anteriores, vuelva a los ejercicios al comienzo del libro 1, '*Empático*', para ayudarse en las áreas específicas con las que necesita ayuda. También puede usar cualquiera de las técnicas en los otros capítulos para ayudarlo en su viaje de curación. Como este tema trata sobre las heridas ancestrales, sin embargo, a continuación se muestra una actividad muy efectiva para limpiar y liberar heridas, dolores y traumas kármicos a nivel del alma. Esto es específicamente para el dominio de uno mismo, una vez que se sienta equilibrado y alineado en su interior, y usted haya integrado todas las otras prácticas y técnicas diarias para abrazar su empatía como un regalo y conectarse con su poder interior.

Usted está muy familiarizado con las luchas que conlleva ser empático. Al crecer, puede que lo hayan llamado "demasiado sensible", etiquetado como tímido e introspectivo, o incluso molestado, intimidado o burlado por eso. Es posible que haya sido educado en estructuras opresivas o regímenes contrarios a su naturaleza empática y que simplemente haya sido mal entendido y pasado por alto. Sus dones y habilidades únicas pueden no haber sido vistos o apreciados, debido a su crecimiento en un mundo masculino y extrovertido. Esto nos lleva a *La herida del alma*. Es importante al explorar cómo sanar la psicología y espiritualmente que observemos los factores subconscientes y de la vida real que dan forma al viaje empático. *La Herida del Alma* se puede dividir en dos partes distintas: **Heridas de la Infancia** y **El yo de las Sombras.**

Veamos esto ahora.

Heridas infantiles

Cuando era niño, a menudo le decían que era demasiado sensible, que necesitaba endurecerse o avergonzarse de alguna manera por sus sensibilidades. Esto creó una *herida interna* que llevo consigo a la vida adulta. Todos llevamos heridas, ya que todos somos humanos. Las heridas y los traumas son parte de la experiencia humana. Sin embargo, esta herida específica está vinculada a ser empático, y más específicamente, a exhibiciones bellas y empáticas.

Todo se reduce a la sociedad, a "patriarcado" y las estructuras existentes en juego. Podría decirse que la empatía puede verse como una cualidad femenina debido a su vínculo con la introspección, el sentimiento y la emoción; y con frecuencia, la introversión. Se dice que aquellos de nosotros que somos muy empáticos, somos predominantemente yin. Yin es lo opuesto a yang, pero juntos forman un todo: Un estado energético unificado. Yin y yang son las fuerzas opuestas pero complementarias del universo. Todos los seres vivos contienen yin y yang, ya que son las fuerzas (aspectos) magnéticas y eléctricas del mundo físico. Sin embargo, no entraremos en el yin y el yang con demasiados detalles aquí por ahora. Es importante reconocer que los empáticos son predominantemente yin, ya que están más conectados con sus emociones. Las emociones son un yin y una cualidad "acuosa". Como la sociedad es principalmente yang - ardiente, extrovertida, masculina y basada en la mente-, por esto motivo esto puede ser difícil para un joven empático.

En la escuela, la norma es ser ruidoso, seguro, expresivo y trabajar racional y lógicamente. Ser artístico, creativo e intuitivo es casi visto como una actividad "extracurricular", como si de alguna manera estuvieran separados de la sociedad. Sin embargo, cualquiera que haya estudiado psicología y los aspectos biológicos y neurológicos tanto para el cerebro como para uno mismo, sabe que no somos sólo criaturas racionales y razonables. La razón, la racionalidad y la lógica son esenciales, pero también tenemos un cerebro derecho, un hemisferio derecho responsable de la intuición, la música, la creatividad y el pensamiento original. Muchos empáticos son equilibrados, pero también tienden a pensar y percibir desde "una forma correcta de pensar del cerebro". Por lo tanto, al crecer puede que no haya sido apreciado o visto por sus formas únicas de ver. Es posible que se hayan pasado por alto sus dones creativos y artísticos y es posible que no se le haya dado el aliento y el apoyo que necesita para prosperar y desarrollar aún más sus dones internos. Además, es posible que haya sufrido malos tratos si fue un empático tímido, introvertido o introspectivo, en forma de burlas, intimidación o vergüenza de alguna manera. Esencialmente, usted era como un pez fuera del agua.

Como saben, la empatía se define por una imaginación rica, sabiduría emocional avanzada y conexión, y una tendencia hacia una conexión profunda, auténtica y real. Como empático, puede prosperar en actividades en solitario o en comunicaciones individuales, y puede disfrutar de las actividades introspectivas como se describió anteriormente, como juegos, jardinería, lectura, pasar tiempo en la naturaleza o expresarse en soledad a través del arte o la música. También puede ser un pensador original, un filósofo de corazón, o poseer una mente profundamente inventiva y creativa. Finalmente, puede haber tenido un sentido de conocimiento espiritual y se sintió atraído por fenómenos inexplicables. Todo esto puede ser suprimido e incluso ridiculizado en la sociedad occidental. Debido a que los niños requieren el apoyo, el cuidado, la sabiduría y la orientación de los adultos, no tener el apoyo o el aliento necesarios como empático, crea inevitablemente heridas en su interior. Para algunos, son sólo menores y permiten que la empatía adulta funcione y experimente la vida cotidiana como cualquier otro adulto, sin embargo, para otros, estas heridas pueden ser profundas, y debido a que las formas de empatía no se enseñan o incluso se aceptan ampliamente, nunca logran sanar estas heridas.

Afortunadamente, usted libros como Empático y Empático evolucionado, ¡así que estará bien!

El yo de las sombras

Esto nos lleva al yo de las sombras. La sombra está vinculada a las heridas de la infancia, ya que es parte de usted mismo, la cual ha ocultado, reprimido o rechazado, sin embargo, es diferente ya que está asociado con *el colectivo*. A diferencia de las heridas de la infancia, que son el resultado directo de la educación y las influencias y entornos externos, el yo en la sombra es parte de la psique y la conciencia colectivas. Explorar su sombra puede ser una herramienta extremadamente útil y beneficiosa para el crecimiento y la curación psicológica y espiritual. El famoso psiquiatra y uno de los padres fundadores de la psicología moderna, Carl Jung, ideó un conjunto de arquetipos universales para definir todo el ser. Estos *arquetipos* universales son inherentes a todos los seres humanos y a menudo aparecen como símbolos en los sueños. *La sombra* es uno de los componentes fundamentales de los arquetipos de Carl Jung, y es algo con lo que usted construir una relación para comenzar a reconocer partes de usted mismo que puede estar ocultando, rechazando o reprimiendo por completo.

Veamos brevemente algunos de los aspectos sombríos de ser empático.

• **Falta de amor propio**. Esto se debe a su intento de ser "el empático de todos" o el hombro para llorar. En su intento de estar siempre allí para otra persona, a menudo descuida sus propias necesidades. Esto puede conducir a una energía agotada y, eventualmente, si no se cura y durante un largo período de tiempo, resentimientos internos y sentimientos de uso.
• **Supresión de la intimidad y la conexión**. A pesar de su anhelo innato de conexión y profundidad, uno de los principales aspectos sombríos de ser empático es no poder abrirse a la intimidad y la conexión, ya sea romántica o platónica. Esto se debe a la intensidad con la que siente y experimenta la vida. En pocas palabras, a veces puede ser demasiado difícil abrirse por completo y fusionarse con alguien en un nivel real porque sabes cuánto dolerá si alguna vez se rompe el vínculo.
• **Supresión del sexo y el deseo**. Vincular con la supresión de la intimidad y la conexión es la supresión del sexo y el deseo. Este elemento de sombra es en realidad uno de los principales aspectos de sombra colectivos para la naturaleza humana, el ser y es una de las

cosas que se enseña ampliamente en la escuela de pensamiento de Jung. La experiencia humana implica deseo y pasión primordial, sin embargo, rechazamos y negamos este aspecto del yo, debido a alguna percepción errónea de que es "impuro" o sucio de alguna manera. Estas creencias distorsionadas finalmente conducen a muchos de los problemas y desequilibrios que vemos en el mundo con respecto a la sexualidad; y específicamente, en las relaciones sexuales empáticas. Exploraremos las relaciones sexuales en profundidad más adelante.

• ***La vida simple***. Un aspecto menor de la sombra empática es la negación y el rechazo del materialismo, y vivir una vida abundante y próspera. Este no es siempre el caso, sin embargo, hay algunos empáticos que sostienen esta verdad. Debido a que la empatía se define y se caracteriza por una fuerte *conciencia espiritual* y una conexión con algo más allá de la realidad cotidiana del "yo" y del ego, hay empáticos que sienten que no son dignos de dicha financiera. Esto finalmente lo deja en un estado de sufrimiento, represión y desequilibrio, ya que la abundancia es su derecho de nacimiento. Tomar medidas para sanar su relación con el dinero, realmente puede ayudarlo a encontrar su flujo y vivir su mejor vida.

• ***Supresión del éxito***. Una vez más, puede sufrir la creencia de que no se le permite alcanzar el éxito y debe vivir su vida al servicio de alguna persona, animal o causa. El desinterés es una cualidad hermosa para poseer y es una de sus cualidades positivas (su "luz"), sin embargo, cuando se lleva demasiado lejos, esto puede conducir a un desinterés y un egoísmo poco saludables hacia usted mismo. Muchos empáticos sufren la sensación de que deben dar pero no recibir. Se supone que la vida es un flujo saludable de dar y recibir, y se deben aceptar los éxitos, alegrías y placeres personales. Este aspecto de la sombra empática puede superarse mediante el desarrollo de la autoestima y la autoestima y mediante la creación de mejores límites.

• ***Bloques de salud y dominio propio***. Un aspecto oculto de la empatía, es tener un bloqueo innato para el autocuidado y la salud. No es que usted no quiera estar completo, curado y prosperar, es sólo que está tan ocupado cuidando a todos y todo lo demás; incluso si sólo está en su mente y sus emociones, que se impide vivir *su* mejor vida. El dominio propio es una parte muy importante de ser empático, ya que sus dones únicos no pueden brillar cuando está agotado en otras áreas. Su conexión emocional profunda y avanzada, su profunda visión intuitiva y a menudo espiritual y psíquica, y su funcionamiento cognitivo y mental único, no pueden mantener sus niveles si se descuidan otras partes de usted mismo. En la sección final de este libro, observamos el dominio de uno mismo y cómo lograrlo.

• ***Soledad***. Muchos empáticos tienen un deseo profundo ya veces oscuro de soledad. La soledad y tomarse el tiempo para recargar su energía es natural, sin embargo, la "oscuridad" llega cuando comienza a sentir emociones negativas ante la idea de estar en una situación social o reunirse La inseguridad, el miedo, la ansiedad, el estrés o la tensión nerviosa, son todos los aspectos que pueden surgir al pasar demasiado tiempo en soledad, hasta el punto de que realmente puede convertirse en parte de usted (de ahí que se haga referencia aquí en *la sombra*). La soledad se ve a menudo en muchos introvertidos, por lo tanto, trabajar para incorporar *características más extrovertidas*, realmente puede ayudar a trascender esta necesidad de soledad.

• *Escapismo*. Vincular con la soledad es escapismo. Como empático, quien siente el dolor del mundo y todos los sufrimientos de la vida sensible, escapar de las duras realidades es un elemento integral de su personalidad. Por supuesto, no todos los empáticos recurren al escapismo, sin embargo, usted es propenso y cuando lo hace, puede tener algunas consecuencias muy perjudiciales. Puede conducir a adicciones, que exploramos en el siguiente punto.

• *Adicciones*. Para un empático, las adicciones pueden manifestarse de muchas maneras. Comida, tabaco, drogas, sexo, pornografía, sustancias, televisión; Estas son todas las salidas a las que puede recurrir un empático. Con el tiempo, estos se integran en su personalidad y comienzan activamente a reestructurar y remodelar su ADN. Es por eso que es importante tomar medidas para sanar desde el principio, y por qué conectarse a sus dones únicos y habilidades empáticas puede ayudarlo a rechazar este aspecto oculto de sí mismo.

• **Víctima-Mártir-Salvador**. Finalmente, el complejo víctima-mártir-salvador es un aspecto muy destacado del lado oscuro de un empático. Esto se refiere al sentimiento de ser una víctima seguido de creer que uno necesita asumir el martirio o un rol de salvador. Este es un círculo vicioso que deja a los pobres empáticos en un estado de sufrimiento, trauma y victimización sin energía y sin poder entrar plenamente en su verdadero poder. Puede ser muy fácil sentir e incluso asumir el papel de una víctima, especialmente cuando a menudo se trata con narcisistas, vampiros energéticos y otras personalidades tóxicas (hasta que aprenda cómo bloquearlos y establecer mejores límites). Entonces, en lugar de volverse hacia el autodesarrollo, la autocuración y el amor propio y el cuidado, muchos empáticos se vuelcan hacia el sacrificio, el martirio o la salvación. ¡Reconocer este aspecto del yo es el primer paso para sanarlo!

Sin embargo, otras luchas que no son necesariamente aspectos de la personalidad o personalidad en la sombra, se presentan a menudo, son la autoconciencia y la incapacidad para hablar de su verdad, la autoestima y los problemas de autoestima, el miedo a los espacios públicos y la hipersensibilidad en las relaciones intimas.

La herida del alma

La herida del alma es la parte del yo que se lleva a lo largo de la vida. Esto significa que ha experimentado muchas vidas en las que cada una ha traído lecciones a la siguiente. Finalmente alcanza su etapa actual de evolución y autoconciencia en esta vida con todas las lecciones y enseñanzas como parte de su *huella única del alma*.

Como empático, esto significa que ya ha pasado por muchas pruebas, senderos y aprendizajes que le han permitido vibrar y experimentar la vida en su resonancia actual. Toda la vida implica resonancia y vibración, ya que toda la vida implica frecuencia. Somos seres magnéticos, eléctricos, biológicos y energéticos, y nuestras células contienen recuerdos almacenados en nuestro ADN. A través de ciertas prácticas, estos recuerdos pueden activarse y partes de nuestro ADN que alguna vez estuvieron inactivas, también pueden activarse. Aunque pueda parecer "profundo" y complejo, muchas de las luchas diarias que enfrenta como empático se remontan a las heridas del alma, que cuando están en el *interior,* no son tan complejas.

Si usted mira la vida como capas, la *multidimensionalidad* no es realmente tan difícil de entender. Usted tiene un cuerpo mental (una mente), un cuerpo emocional (emociones), un cuerpo físico (su cuerpo), un cuerpo espiritual (espíritu) y un cuerpo astral o energético (su aura). También hay otros niveles sutiles de realidad y ser, pero estos son compartidos principalmente por varios pensadores y maestros a través de la experiencia directa y textos antiguos. La herida del alma, por lo tanto, puede verse como su *viaje holístico* y experiencia colectiva a lo largo de esta vida y de muchas. Ha habido muchos libros en profundidad escritos sobre ADN, huellas de almas y vida multidimensional, sin embargo, el punto principal es siempre defender cómo usted puede sanar, sobrevivir y prosperar en esta vida. Ser consciente del viaje único de tu alma es un aspecto fundamental de esto.

Arquetipos universales de Carl Jung

Carl Jung fue un psiquiatra suizo y uno de los fundadores de la psicología moderna. Se le ocurrió un *conjunto de arquetipos universales del Ser,* que son aspectos de todo el ser humano, relacionados con todos en la tierra y con todos los que lo serán. Estos arquetipos son aspectos de la *conciencia colectiva*. Sus arquetipos se crearon a partir de sus exploraciones del inconsciente colectivo a través de diferentes religiones del este y el oeste, la mitología y la alquimia. Él creía que los arquetipos se manifestaban en sueños a través de símbolos y figuras, y estos sueños podrían usarse para comprender la vida diaria. Una vez activados, podrían *desbloquear* una frecuencia específica o tipo de energía dentro de la persona, específicamente asociada con el arquetipo. Al explorar lo que significa ser empático, creo que es esencial mirar a los *aspectos subconscientes* de nosotros mismos para su comprensión e integración. Carl Jung ofrece un cierto tipo de orientación y conocimiento que puede usarse para conectarse con esas influencias "ocultas" y detrás de escena que dan forma y crean la empatía tal como la entendemos. También puede ayudar a definir lo que significa tener empatía.

Como nuestros cerebros son transmisores y receptores de conciencia, en los sueños podemos aprender mucho acerca de nuestras impresiones y creencias, y obtener información y sabiduría para la realidad cotidiana. Exploremos cada uno de estos arquetipos universales y cómo se relacionan con el maravilloso don de ser empático.

La persona

La persona es la imagen que presenta al mundo en la vida diaria. Es su máscara o sentido de la imagen, como 'la empatía solidaria', 'el científico loco', 'el artista talentoso' o 'el sanador útil'. El término persona proviene literalmente de la 'máscara' latina y en sueños es representado por el *Ser*, un personaje que sabes que usted es.

Jung se refirió a la persona como "el arquetipo de conformidad" y lo consideró esencial en el desarrollo personal. Dependiendo de dónde se encuentre en su propio viaje de transformación, los empáticos a menudo sienten que deben ponerse una máscara y ser algo para todos. Su verdadera naturaleza a menudo, puede ser reemplazada por una "persona", una imagen que usted siente que tiene que reflejar al mundo. Esto se debe a tu tendencia natural hacia el *sacrificio*. Por ahora, usted es consciente de que los empáticos tienen dones extraordinarios. Sin embargo, en combinación con esto y su deseo genuino de hacer el bien, a menudo se presentan sentimientos innatos y a veces incontrolables de vergüenza, culpa y represión. *¿Por qué se me debe permitir brillar en mi luz más intensa cuando otros a mi alrededor no? ¿Es egoísta que ahora esté totalmente en mi poder, conectado y en sintonía con mis hermosos y naturales regalos?*

Estas son algunas de las preguntas con las que usted se encuentra lidiando, incluso una vez que haya hecho el trabajo interno y haya comenzado su viaje hacia el dominio de sí mismo. Las preocupaciones y luchas están más allá de lo mundano y *reconoce* que su propósito está más allá del "yo", la realidad egoísta y ego en la que muchas personas en el planeta Tierra están operando. Por supuesto, en su expresión positiva, según lo definido por algunos de los arquetipos compartidos anteriormente, los personajes que encarnamos somos nosotros mismos (el Ser) en su luz más verdadera, en nuestra *frecuencia más alta posible*. ("El sanador útil", "la empatía cariñosa …")

Muchos empáticos de hoy, luchan por entrar plenamente en su verdadera personalidad basándose en los juicios del mundo exterior. Puede ser muy difícil mantenerse centrado, alineado y totalmente conectado con la verdad de uno cuando su naturaleza es, naturalmente, apaciguar y sacrificar en beneficio de los demás. Pero el objetivo de la empatía es sanar, ayudar y educar a otros. Una vez que se dé cuenta plenamente de esto y realmente acepte la verdad de que todos somos uno, se dará cuenta de que es perjudicial y dañino, no estar a la luz y hacer brillar sus dones. ¡Devolver no ayuda a nadie!

Podemos mirar a nuestras personas, por lo tanto, y a los personajes que se nos presentan en sueños, que conocemos como nuestro símbolo del yo, para ayudar a comprender y aceptar nuestra naturaleza empática. Como con todo en la vida, el equilibrio es esencial; los sueños pueden comunicarse con nosotros a través de símbolos y mensajes directos dónde y cómo se usa nuestra empatía de manera positiva, ya sea en beneficio propio o de los demás; y cuando puede estar subconscientemente haciéndonos daño de alguna manera.

Por ejemplo, si tuviera que soñar que estaba en un lugar lleno de gente, aferrándose a su juguete favorito cuando era niño, sintiéndose perdido, confundido y solo, este mensaje de sueño estaría sugiriendo que: 1. Todavía tiene que estar castigado, centrado y fuerte en su interior cuando se siente perdido, y sólo en espacios públicos y con grupos de personas, o 2. Usted es demasiado empático y su fuerte personalidad empática lo está desconectando de los que lo rodean (el juguete de la infancia representa un sentimiento de hogar, emocional conexión y comodidad, y energía femenina, fuertemente asociada con la naturaleza empática. Sentirse perdido, confundido y solo, sugiere que el sueño le está mostrando un aspecto negativo de si mismo, o una parte de si mismo que necesita curación).

La sombra

La sombra son esos aspectos del yo que desea negar. Son las partes ocultas, reprimidas y rechazadas de su personalidad, carácter o ser lo que usted percibe como *feo*. Pueden representar miedo, ira o debilidad, y generalmente se manifiestan como deseos y recuerdos que uno simplemente no desea aceptar o integrar. Los instintos animales y la sexualidad, son partes integrales de la sombra colectiva y el aspecto sombrío de un empático. En los sueños, la sombra puede representarse a sí misma como una "criatura humilde", como un enano, o un animal que representa instintos primitivos e instintivos, como un tigre. La regla general es que cuanto más nos identificamos con nuestra personalidad, más negamos otros aspectos de nosotros mismos. Entonces, ¿cómo se muestra esto como un empático?

Tomemos cualquiera de nuestras posibles personas: Un activista de animales que dedica amor y afecto diario a los animales en los refugios, un trabajador de caridad que participa constantemente en proyectos y actividades para mejorar la vida de los demás, un trabajador de atención o apoyo que ayuda diariamente a los ancianos o niños necesitados, un sanador o terapeuta que dedica horas interminables a otros con la única intención de llevar la curación y la integridad a la humanidad; y al campo de energía colectiva del planeta Tierra, o un meditador compasivo que pasa su vida dedicado a los mantras diarios para el amor y la paz mundiales .. Cada uno de ellos está dedicado a ayudar a los demás de alguna manera. Ponen grandes cantidades de tiempo, amor y energía en una meta, compromiso o proyecto que enriquecerá la vida de los demás. (Es importante recordar que los empáticos hacemos esto porque realmente queremos hacerlo; no hay un sacrificio *inherentemente* insalubre en estas elecciones y caminos). Pero, una empático a menudo va demasiado lejos. Usted se enfoca tanto en otro, que se *olvida de si mismo*. Un esfuerzo por la perfección, una característica integral del empático, significa que puede descuidar inconscientemente su vida privada y sus alegrías, placeres y abundancia personales. Usted *rechaza* las partes del yo que lo hacen completo.

Temas recurrentes que a menudo están presentes en la vida de los empáticos:

• Una supresión del sexo, el amor y el deseo;

- Una supresión de la intimidad, el amor propio y la conexión;
- Una supresión del dinero, la abundancia y la prosperidad financiera;
- Una supresión de la salud, el desarrollo personal y el dominio propio; y
- Una supresión de la dicha material, nuevas oportunidades y vivir los sueños de uno.

Estos pueden ser vistos como *aspectos sombríos de un empático*, ya que en el proceso de siempre desear estar allí para los demás y hacer algo bueno en el mundo, las necesidades personales; y la prosperidad, son sacrificadas y reprimidas.

Mirar los aspectos sombríos de uno mismo puede ser un proceso hermoso, ya que le permite profundizar en las asociaciones positivas de su personaje; la amabilidad, la entrega, la generosidad y la empatía afectuosa, y aquellos aspectos que son perjudiciales. El sacrificio personal, la supresión y el abandono no sirven a nadie, y una de las lecciones clave de la vida que aprenderá, es que no puede darse todo por sí mismo. ¡Su tiempo, amor, energía, dones y recursos son muy importantes! Además, la sombra en realidad puede ser peligrosa cuando no se reconoce que negar algo conduce a su mayor persistencia. Todos tenemos luz y oscuridad, bien y mal, y fuerzas opuestas dentro de nosotros; por lo tanto, al llegar a un acuerdo con nuestras propias sombras y *los aspectos sombríos colectivos de la naturaleza empática*, podemos vivir la vida en un estado de armonía, equilibrio y satisfacción, verdaderamente conectados y unidos con nuestros dones únicos.

El anima y animus

Estos son aspectos femeninos y masculinos de usted, respectivamente. Todos poseen atributos femeninos y masculinos. Por lo tanto, el anima y el animus no se limitan a ser mujer u hombre. Los empáticos pueden ser vistos naturalmente como más femeninos, ya que el *don de la empatía* es poder conectarse con otros en un nivel emocional, la cual es una cualidad femenina. Con respecto a ser empático, cuando el anima o animus está inconsciente y no se ve, comprende o acepta, tendemos a *proyectarlo* hacia los demás. Una de las principales formas en que esto se manifiesta, es en las relaciones, específicamente las relaciones románticas y sexuales. Una vez que usted comienza a tener una relación sinérgica con su propia naturaleza de empatía interna, sólo entonces usted puede *reflejarlo* al mundo de una manera armoniosa y saludable.

Por lo tanto, la proyección se transforma en reflejo, y usted refleja las hermosas cualidades innatas de la naturaleza empática, en lugar de suprimirlas (lo que resulta en proyectar su sombra sobre los demás).

El niño divino

El niño divino es su verdadero ser en su forma más pura, ya que representa su inocencia, su sensación de vulnerabilidad y su impotencia. Sin embargo, también simboliza sus metas, sueños y aspiraciones, y su mayor potencial. En los sueños, está representado por un niño, un bebé o un bebé.

Ahora, con respecto a ser un empático, podemos ver este arquetipo universal como una parte fundamental del viaje del empático. Podría decirse, que pueden verse como uno y lo mismo; por lo tanto, si está buscando un arquetipo para conectarse y encarnar en sus meditaciones, el niño divino es el perfecto. Esto se debe a que los empáticos son literalmente todas esas cosas que Carl Jung definió como (el niño divino). Inocencia, vulnerabilidad e impotencia, metas y sueños, aspiraciones y el más alto potencial: Este es en última instancia, el viaje de un empático. Los empáticos pueden verse como vulnerables e indefensos debido a su debilidad. En pocas palabras, antes de comenzar a fortalecer su aura y dar los pasos para convertir su dones en poderes, usted es débil. Usted se fusiona con otros inconscientemente, y toma cosas que no le pertenecen. También atrae narcisistas y vampiros de energía, y en general, usted no tiene sentido de sí mismo, límites o protección. Esto se debe a *su inocencia*; usted ve el mundo y todos sus habitantes como un reflejo de usted mismo. Usted recibe una gran alegría y paz interior al estar con la naturaleza o al tomarse el tiempo para contemplar animales cercanos, por lo que ve el mundo como un espejo.

Sin embargo, esta hermosa inocencia es simultáneamente su vulnerabilidad e impotencia (¡Hasta que usted se encuentre a sí mismo!) No todos son tan amables, afectuosos o intuitivos como usted, y hoy en día hay algunas personas realmente frías y mezquinas. Sin embargo, una vez que usted se haya centrado y alineado, la *belleza interior* que posee puede llevarlo a sus expresiones más positivas y su mayor potencial. Entonces, sus sueños, metas y aspiraciones son el resultado después de que ha aceptado su vulnerabilidad, inocencia y dones únicos como una empatía, y ha tomado medidas para manifestar su verdadero camino. ¿Cual es su camino?

En esencia, no hay un camino verdadero, ya que incluso entre los empáticos todavía tiene *su propio plan personal único, su huella individual del alma*. Asumiendo sin embargo, que de hecho está destinado a seguir "el camino del empático", estas manifestaciones inevitablemente se presentarán como esperanzas, objetivos y aspiraciones que se encuentran en los ámbitos del espíritu, la creatividad, la caridad, el servicio, el bienestar animal, el ambientalismo, curación, ayuda o cuidado de algún tipo.

El viejo sabio

Este arquetipo se explica por sí mismo. En los sueños, está representado por una figura masculina de algún tipo; un padre, maestro o una figura de autoridad de tipo masculino. El propósito del viejo sabio, es ofrecer perspicacia, dirección y orientación.

A través del trabajo onírico, trabajando conscientemente con nuestros sueños, podemos explorar los reinos subconscientes y pedir activamente sabiduría, orientación y asistencia. Los sueños pueden ser vistos como puertas de entrada al alma y pueden usarse como ayuda en la vida cotidiana.

La abuela

Al igual que el viejo sabio, la gran madre es el aspecto femenino de su subconsciente a quien se puede pedir ayuda. Ella es la gran cuidadora y se manifiesta en sueños como una abuela, madre, hada madrina o cualquier figura femenina poderosa y nutritiva.

Este arquetipo es muy importante cuando se trata de explorar nuestra naturaleza, ya que la expresión negativa y la asociación de la gran madre, es la *bruja*. Ahora, no estamos hablando de brujas buenas, esas mujeres curanderas reales o tipos de hadas mágicos y amantes de los cristales, sino del tipo "malvado". Este tipo de bruja es la aterradora, duende verde, bruja estereotípica de capa negra con una cara malvada. Ella representa el dominio, la muerte y la seducción, y es muy importante para abrazar los elementos sombríos de nosotros mismos, que podemos desear negar. Si la bruja aparece en un sueño, es una señal de que estamos rechazando o suprimiendo el aspecto con el que se relaciona. Los temas de *muerte y destrucción, seducción y sexualidad, son una parte integral de la vida*, incluso si no actúan sobre ellos (sexo, deseo, lujuria, etc.). Entonces, al igual que con la sombra, ignorar una parte de nuestra naturaleza en busca de la perfección o ser todo para todos, crea una acumulación de energía suprimida (que se manifiesta como la bruja malvada). Las pesadillas, por lo tanto, nos muestran cuán importante es, especialmente como un empático que siente todo tan profundamente y asume el dolor, las emociones y los traumas de los demás, para *aceptar e integrar* esos aspectos del ser que no necesariamente queremos encarnar. Es sólo cuando realmente hacemos esto que podemos convertirnos en las mejores versiones de nosotros mismos y usar nuestros dones para el bien.

El embaucador

Como su nombre lo indica, el embaucador es el bromista práctico de los arquetipos de conciencia colectiva. Puede presentarse en sueños si usted se ha tomado a sí mismo demasiado en serio, juzgado mal o exagerado ante una situación o persona. Ahora, como *empático*, ¡este es un arquetipo muy importante a tener en cuenta!

Los empáticos realmente se *toman* muy en serio. Un empático se siente tan profundamente y, en un intento, de curar, ayudar y ayudar a quienes lo necesitan, a menudo no se puede incorporar el ingenio y el humor necesarios en algunas situaciones. Por supuesto, en muchas situaciones en las que se requiere empatía, la profundidad y el compartir el nivel del corazón y el alma es hermoso y beneficioso, PERO en muchos otros casos, un amigo o un ser querido sólo quiere unas buenas risas o bromas anticuadas para subir su humos.

El arquetipo del embaucador, por lo tanto, puede ser aprendido, integrado y meditado para mejorar las cualidades faltantes en su vida. Su energía no es específicamente masculina, ya que la risa, el ingenio y el humor también pueden ser muy femeninos; sin embargo, en relación con la naturaleza empática, podemos sugerir que este arquetipo es efectivo para aumentar la energía masculina y todos los aspectos relacionados con la ligereza.

El ego y el yo

El ego es uno de los principales arquetipos de la personalidad y es el centro de la conciencia. Es el "yo", el aspecto del yo que es central en la vida diaria. Es la parte que se relaciona con la psique y todas las cosas personales, experiencias personales, lecciones y aprendizajes a lo largo de todo el viaje humano. La otra parte de la psique es el inconsciente.

El yo puede ser visto como el arquetipo más importante en el sentido de que es *toda la personalidad*, su totalidad. Es *el centro, la unión de lo consciente y lo inconsciente*, y encarna el equilibrio y la armonía de los elementos opuestos de la psique En los sueños, el yo se representa como un círculo, mandala, cristal o piedra (impersonalmente), o como una pareja real, un niño divino o algún otro símbolo de la divinidad como Cristo, Buda u otros grandes maestros espirituales (personalmente). Estos símbolos del yo, son todas representaciones de **totalidad, integridad, unificación y reconciliación de los opuestos**, por lo tanto, pueden conectarse al descubrir el funcionamiento más profundo de la psique empática.

Como saben, los empáticos son amables, compasivos, sensibles, espiritualmente orientados y pueden fusionarse con otros en un nivel profundo. Usted disfruta de la naturaleza, tiene un corazón cálido y una intuición natural poderosa. Puede usar este regalo para sanar, elevar la luz de otras personas y traer armonía, equilibrio y unidad en cualquier situación. Volverse *en sintonía* con usted mismo, por lo tanto, en su máxima expresión unificada, sin represiones, supresiones o negaciones, le permitirá prosperar y experimentar la vida en su forma más plena, profunda y alegre. El yo, su personalidad completa e integrada que puede ser vista como *dominada por uno mismo*, es su guía interna para ayudarlo a navegar a través de todas las consultas, preocupaciones y problemas de la vida. ¡Es esencialmente su superpoder! Al seguir los pasos necesarios y seguir todas las técnicas, ejercicios y consejos compartidos a lo largo de este libro, puede vivir su mejor vida llena de alegría, contenido y abundancia, y lograr su vibración más alta posible (¡Y mantenerla!)

Capítulo 5: El papel de un empático en la sociedad

Los mejores trabajos para un empático

La empatía es posiblemente un hermoso regalo. El mundo necesita más de usted debido a su pureza interior, belleza natural y una forma única de percibir y experimentar el mundo. Su compasión, amabilidad y profundidad de espíritu no conocen límites, y la gente lo ve. Afortunadamente, a estas alturas, usted ha aprendido que los narcisistas, los vampiros de energía y otras personalidades tóxicas, no tienen un papel que desempeñar en su vida y que no necesita soportar mierda o formas negativas y dañinas. También ha aprendido cómo fortalecer sus límites internos y protegerse, para que sus dones naturales y cualidades positivas puedan prosperar. Ustedes son los soñadores, sanadores, ayudantes y personas afectuosas de nuestro mundo, con compasión ilimitada y amor universal. También usted es uno de los tipos de personas más intuitivos, imaginativos y creativamente dotados que existen. ¡Sin embargo, con un gran poder viene una gran responsabilidad, incluso si es sólo para usted!

A continuación, se presentan los tipos de carreras que mejor se adaptan a usted y a todos los empáticos. Si aún no ha encontrado su camino personal, entonces esta lista puede ayudarlo o "encender" algo de lo que no estaba al tanto anteriormente; o si lo sabía pero necesitaba esa confirmación final. Recuerde; ya está empoderado, así como también es poderoso. Sólo necesita soltar y liberar todas las cosas que no son suyas y que nunca fueron suyas para empezar.

Las mejores carreras para un empático:

• Psicólogo
• Terapeuta de sueños o intérprete
• Músico
• Artista
• Escritor
• Filósofo
• Enfermero
• Médico
• Terapeuta holístico o complementario.
• Masajista
• Trabajador social o de apoyo

- Veterinario
- Bienestar animal o rescate
- Ambientalista
- Paisajista
- Campaña
- Portavoz
- Profesor
- Trabajador de caridad o líder
- Líder o trabajador de una organización sin fines de lucro
- Consejero
- Entrenador vital
- Sanador
- Chamán
- Trabajador de hospicio
- Maestro espiritual, orador o sanador
- Lector de Tarot o Psíquico

Como puede ver, ¡Esta lista es bastante ecléctica! Sin embargo, todas estas profesiones aprovechan algún aspecto de su personalidad y naturaleza inherente, lo que significa que prosperará en cualquiera de estas carreras o caminos.

Cómo tener éxito y dominar su fuerza (convirtiendo la sensibilidad en una superpotencia)

En esta sección, veremos qué significa ser un *empático introvertido* y un *empático extrovertido*, y cómo se superponen. Esto se debe a que toda la información en este libro se relaciona directamente con las situaciones sociales (incluidas las relaciones románticas) y la sociedad, por lo tanto, la mejor manera de liberar los últimos bloqueos o barreras para dominarse a sí mismo (prosperar), es mirar su "amiga superpotencia" por sabiduría e integración. Esta superpotencia, es el poder de la dinámica introvertida y extrovertida.

Un empático introvertido encarna las cualidades de un introvertido. Estas cualidades son una aversión a los grupos grandes o reuniones sociales ruidosas, una preferencia por las interacciones individuales o en grupos pequeños, y la satisfacción interna con la soledad y las actividades en solitario. Hay una fuerte cualidad introspectiva para los introvertidos y muchas personalidades introvertidas prosperan en ámbitos creativos, artísticos o imaginativos de pensamiento y ser. Los extrovertidos, por otro lado, prosperan en situaciones sociales y reciben su estímulo como tales. Son seguros, altamente expresivos y aman las pequeñas conversaciones, o cualquier conversación en realidad. No se definen por falta de profundidad y autenticidad; sin embargo, se definen como estar contentos con conversaciones sin sentido, y a menudo, hablar en exceso. Los extrovertidos pueden ser dramáticos o la vida y el alma de una fiesta o situación social.

Como empático, puede estar claro ahora que una de las mejores maneras de sanar y superar sus sensibilidades, y a menudo, su naturaleza demasiado emocional es encarnar algunas de las características de un extrovertido. Ahora, esto no significa que tenga que comprometer o sacrificar su verdadera naturaleza, simplemente significa que puede valer la pena *equilibrarse y adaptarse* para que pueda existir mejor en situaciones sociales. Esto es especialmente cierto si se encuentra asumiendo las características más negativas de un introvertido, como ansiedad, tensión nerviosa, timidez o problemas de autoestima y confianza. Tomar medidas para ser menos introvertido o introspectivo, puede ayudarlo a mantener la claridad mental y su propia alineación interna. Esto no significa que deba comenzar a gritar, actuar como sus amigos extrovertidos no empáticos o dejar de ser perspicaz e intuitivo, pero implica que hacer un esfuerzo consciente para ser más social y expresivo, puede ayudarlo a superar algunas de las incertidumbres, confusiones y ansiedad que puede sentir al darse cuenta de las cosas de todos. Recuerde: Los pensamientos, las emociones, las impresiones que subyacen a las corrientes de energía y los sentimientos están disponibles para usted, por lo tanto, en una situación social alrededor de muchas personas, y particularmente con muchos ruidos e información sensorial excesiva, ser menos empático introvertido puede ser una forma de protección en sí misma.

Otro elemento importante para vincular aquí, es la importancia de conectar a tierra y centrar su energía. El ejercicio de puesta a tierra de *meditación en árbol*, realmente puede ayudar con esto. Conectarse a tierra y centrarse, le permitirá no sólo hacer frente, sino prosperar, en reuniones y situaciones sociales, manteniendo su inteligencia emocional clara y su mente enfocada. La mejor manera de verse, es como una brújula en un barco o bote pequeño. Si el tirón magnético es dudoso y el bote sigue girando en diferentes direcciones, no habrá dirección. La brújula le dirá que va en una dirección y luego en otra, y luego en otra, hasta el punto de que la brújula pierde el foco y las corrientes la empujan. Usted como una brújula. Entonces, en lugar de captar la energía y las corrientes de los demás, manténgase centrado en su propia historia, realidad, ambiente y verdad, y proyecte para que pueda conocer a las personas en el nivel que desea conocer. Incluso si sucede que usted juega como observador silencioso, introspectivo silencioso, o solo se conecta con una o dos personas, al menos mantendrá la claridad interna y la confianza, y no será arrastrado por las mareas. Todos los sentimientos de nerviosismo, tensión o incomodidad, pueden liberarse de esta manera, lo que le permite avanzar hacia su verdadero poder y fuerza.

Entonces, para brillar realmente y estar en su elemento en la sociedad y las reuniones sociales, participe en ejercicios de meditación, atención plena y fortalecimiento del aura y protección a diario. Además, recuerde tomarse el tiempo que necesita para recargarse en la naturaleza o en la soledad y respetar sus necesidades internas y su intuición. Su claridad mental viene con su estabilidad emocional e inteligencia.

Manejando el liderazgo

Una cosa que encontrará o que quizás ya haya encontrado en su viaje empático es la importancia del discernimiento. Eres brillante. Eres hermosa, sabia y tienes un alma sincera, sin embargo, muchas personas se aprovechan de tu amabilidad y disposición para dar. Hasta que aprenda a proteger su energía y se centre y sea soberano en su interior, literalmente proyecta un aura que grita "¡Venga y descargue toda su mierda en mí! Está completamente inconsciente, pero es muy real.

Como se exploró anteriormente, su aura es la burbuja energética a su alrededor, responsable de sus pensamientos, creencias, impresiones y emociones. Está transmitiendo, recibiendo e interactuando perpetuamente con la energía, tanto la energía en su entorno inmediato, como toda la energía conectada en un campo holográfico cuántico. Como la forma en que piensa y percibe influye en su aura, a menudo puede dejarse abierto a las 'cosas' de otras personas. Esto se debe a que ve el mundo de una manera compasiva, afectuosa y empática, y toma inconscientemente el papel del sanador, incluso si sólo lo hace en su interior. Entonces, las personas gravitan hacia esto, y sienten que pueden descargar e incluso a veces proyectar, sus propios problemas, heridas y dolor sobre usted. La mayoría de las veces no es vengativo, algo que exploraremos en un momento, y las personas realmente magnetizan su compasión y vista, sin embargo, algunas personas ven esto como una oportunidad para proyectar su propia sombra y oscuridad y arrojarla sobre usted .

Discernir es juzgar, pero de una manera sensible, saludable y perspicaz. En este sentido, se puede ver que a menudo le *falta juicio*, y por lo tanto, inconscientemente se abre a energías, realidades e interacciones no deseadas.

Veamos algunas situaciones de la vida real, en las que a menudo se encuentra viviendo.

El hombro de un extraño para llorar

Los extraños a menudo se acercan a usted cuando se sienta solo en un banco del parque o cuando pasea por su paisaje natural favorito. Esto se debe a que naturalmente gravitan hacia usted y su *magnetismo interno*. ¡Usted tiene un tirón magnético que las personas perciben e incluso los no psíquicos! Otros perciben su naturaleza compasiva y se sienten atraídos por usted. Esto puede manifestarse como buscar directamente su orientación y sabiduría o simplemente estar a su lado. Usted tiene una presencia poderosa en la que las personas responden positivamente. Por supuesto, este es un hermoso regalo y nunca sugeriría lo contrario. Muchos realmente aprecian su empatía y amor incondicional y compasión que exhibe. Sin embargo, si no tiene cuidado, esto puede dejarlo agotado y cansado, y además, evitar que viva su mejor vida por su cuenta. Si siempre está dando, compartiendo su sabiduría y manteniendo espacio para los demás, ¿cómo puede estar allí para usted? Aprender a discernir en situaciones como estas, es una de las mejores cosas para proteger y conservar su energía, y la mejor manera de prosperar y sobrevivir como empático.

Una de las formas más efectivas de hacerlo, es a través de ejercicios de fortalecimiento de límites y aura. Estar abierto a ayudar a extraños necesitados puede permitirle resaltar sus hermosas cualidades y fortalecer su propia confianza y autoestima en el proceso. También puede energizar y amplificar los dones que está mostrando, como su visión, sabiduría e intuición únicas. Sin embargo, esto debe equilibrarse con el aprendizaje de cuándo establecer un límite y disfrutar de su propia empresa o actividad que está realizando. Es posible que haya salido a caminar por la naturaleza o sentarse en un banco admirando las aves y los árboles porque necesita recargarse o contemplar e introspectar algo importante en su vida. Aquí es donde entran el equilibrio y el discernimiento, y por qué son esenciales para desarrollarse e integrarse.

Un terreno de descarga emocional

Desafortunadamente, a menudo usted puede convertirse en el basurero emocional de todos. Nuevamente, esto se debe a su naturaleza compasiva y afectuosa, sin embargo, esto no le sirve de ninguna manera. Sus hermosas cualidades y vista intuitiva deben ser honradas, respetadas y apreciadas; no abusadas, aprovechadas e irrespetadas. Los amigos y familiares que alguna vez hayan apreciado su naturaleza empática, pueden volverse insensibles y egoístas en sus formas y su conexión con usted, y debido a que es un ayudante y un sanador tan natural en el fondo, simplemente lo pasa por alto o se cuenta la historia de que son sinceros. y puro en sus intenciones.

Aprender a discernir puede ayudarlo a darse cuenta de cuándo alguien a quien ama y cuida realmente, está empezando a abusar de su amabilidad y generosidad. Todos tenemos un lado oscuro y nadie es perfecto. Aceptar esto y reconocer que si un amigo cercano hace esto temporalmente, no lo define, puede ayudarlo a sanar las relaciones con usted mismo y así sanar su relación con ellos. Es tan cierto, que nuestra relación con nosotros mismos prepara el escenario para nuestra relación con los demás. Tratarse con amor y amabilidad, permitirá que sus dones empáticos y cualidades brillen cuando realmente se necesiten.

Un imán narcisista, vampiro energético o de persona tóxica

Finalmente, su falta de discernimiento puede dejarlo como un imán para personalidades tóxicas. Los narcisistas se sienten atraídos por su aura abierta, belleza interior y amabilidad, y buscan descargar su sombra, y los vampiros de energía hacen lo mismo, pero buscan tomar todo lo que tienen. Otras personalidades tóxicas incluso llegan a abusar y causarle dolor y sufrimiento de manera intencional. Usted es como un imán para este tipo de personalidades, y a menudo tiene "anteojos color de rosa" para ver, hasta que alcanza una cierta madurez y comprensión. Lograr dominar su poder y liderazgo surge cuando toma nota de esto, ya que los personajes tóxicos y los narcisistas son la principal desventaja en su vida.

Armonización, equilibrio e integración: Observando el sistema Chakra

Una de las enseñanzas más importantes, la cual es vital tener en cuenta al embarcarse en un viaje de sanación y plenitud, es estar en sintonía con sus chakras. Se puede ver que todas las enfermedades, dolencias y condiciones psicológicas innatas, tienen su origen en algo interno. No sólo existe una realidad física y somos seres complejos, estamos formados por nuestras experiencias, observaciones, dificultades, luchas, interacciones, estímulos sensoriales y factores biológicos internos. Cada sonido que se escucha, se observa y se toca al tacto, contribuye a la persona que conocemos como el yo. Por lo tanto, todas nuestras creencias, patrones de pensamiento condicionados; y respuestas emocionales internas, están influenciados por el mundo externo. Además, muchas personas en todo el mundo creen y reconocen que hay un elemento invisible en la vida. Así como soñamos por la noche, y nuestra mente se desvía hacia otra realidad, nuestro subconsciente y la conciencia colectiva nos gobiernan. El subconsciente es el elemento *detrás de escena* de la vida que es responsable de nuestros motivos ocultos, impresiones, creencias, sentimientos y pensamientos sutiles. La conciencia colectiva es el aspecto compartido de uno mismo, la mente colectiva, que es una acumulación de las creencias, pensamientos, intenciones e impresiones individuales de cada ser humano. Ambos tienen un profundo efecto en la vida diaria y el ego.

Ahora, cuando nos referimos al ego, no es inherentemente 'malo'. Por supuesto, es natural suponer que el ego es predominantemente negativo, ya que muchos de los actos dañinos, incorrectos e inhumanos que vemos hoy en día, son cometidos por aquellos que están 'en su ego. "Lo mismo puede decirse de la codicia excesiva, el rencor, el odio, el egoísmo y todas las demás características humanas inferiores. Sin embargo, esencialmente el ego es una parte fundamental del yo y no existiríamos sin él. Es la parte individual de nuestro todo, lo que nos hace únicos. Sin embargo, es una parte del yo, y este es un punto clave para recordar. Todo el ser humano es un ser complejo e interactivo de mente, emociones, sentimientos y espíritu. Hay muchas capas y la realidad no sólo se define por la forma de percepción de los cinco sentidos, a menudo limitada y puramente física. Entonces, volviendo hacia esos elementos invisibles e invisibles de uno mismo, el sistema de chakras es un sistema de creencias muy beneficioso y un área de pensamiento a tener en cuenta al aprender sobre la personalidad empática, y cómo prosperar en todos los aspectos de la vida, específicamente psicológica y espiritualmente.

Muchos creen, incluidos aquellos que practican un camino espiritual, culturas antiguas y taoístas, que el cuerpo físico está gobernado por chakras o portales de energía. Estos son los aspectos energéticos invisibles pero altamente reales para todo el ser, y pueden ser aprendidos y conectados para sanar muchos aspectos de la vida diaria. Así como todos los seres vivos en la tierra poseen un campo de energía electromagnética, nosotros también. Este campo de energía electromagnética también se conoce como nuestra aura y se relaciona con el cuerpo astral. El cuerpo astral es la réplica enérgica de nuestro cuerpo físico, y muchas culturas y personas antiguas, sabían que al curar el aura y el cuerpo astral, las dolencias mentales, emocionales, físicas y espirituales también podrían curarse. En otras palabras, cualquier enfermedad o dolencia que se manifieste en el ser físico o fisiológico, puede tener su origen en el cuerpo astral. La empatía y todas sus diversas luchas, son una manifestación de los elementos invisibles de la vida, las situaciones, experiencias, observaciones e interacciones que han dado forma a su educación. Por lo tanto, es importante mirar todo el ser, incluidos los aspectos invisibles y enérgicos de la personalidad empática para ayudar a sanarla y aportar integridad y armonía interior.

Veamos ahora en detalle el sistema de chakras, y ampliemos nuestra conciencia de cómo el hermoso don de la empatía se puede aprovechar y dominar a través de un trabajo interno más profundo.

La raíz o chakra base

Esta es su base. Se relaciona con su sentido de seguridad, conexión con la tierra y su propio cuerpo y vitalidad física. Los colores asociados son rojo (primario) y marrón y negro. El elemento es la tierra.

Este chakra es muy importante ya que es de este centro, su raíz, donde se crea y se eleva, la sexualidad y la energía kundalini. Su kundalini es su poder de serpiente, la espiral de energía en forma de serpiente que fluye desde su base, hasta su columna vertebral o su chakra de la corona. Físicamente, es responsable de su vitalidad, salud física y niveles de energía, y su energía sexual. También corresponde a su energía física chi y fuerza vital, y en los planos mental y emocional de la existencia, se vincula con su poder mental, sabiduría emocional y madurez, y habilidades psíquicas e intuitivas. Si el chakra raíz está bloqueado, todos los demás chakras se bloquearán, y la energía sexual o kundalini no podrá fluir libremente. Como empático, a menudo usted puede estar en su cabeza y fuera de su cuerpo. En este sentido, los problemas que surgen para los empáticos, son frecuentemente relacionados con su desconexión del cuerpo físico. Por supuesto, esto se manifiesta como problemas en las relaciones íntimas, y también en el chakra sacro, el cual es responsable de las emociones. Exploraremos esto a continuación.

El chakra sacro

Esto también se conoce como su centro sexual, ya que es el centro de sus emociones, creatividad y sexualidad. El color relacionado es naranja y el elemento es agua. Aquí por lo tanto, es donde los empáticos tienen más problemas. Como el elemento correspondiente es el agua, y el chakra sacro es su centro emocional y sexual, muchas emociones reprimidas, traumas y heridas se almacenan con el tiempo. Como verá en el próximo chakra, esto afecta fuertemente el plexo solar: Su sentido de vitalidad, autoempoderamiento y confianza.

Todos los chakras están vinculados y conectados, por lo tanto, cualquier problema en el centro de energía de uno afecta a los demás, más aún a los que están al lado. El chakra sacro puede meditarse, y hay ejercicios para la autocuración que se pueden hacer para ayudar a traer chi fácil y saludable a esta área. Como empático, puede tener problemas en este chakra, los cuales pueden manifestarse como dolores de estómago y trastornos digestivos hasta que se cure y aprenda a estar centrado y fuerte en sus límites.

El chakra del plexo solar

El chakra del plexo solar es su sentido de autoempoderamiento, vitalidad y confianza. También es su expresión, voluntad y ego, y se relaciona con la ambición. El color de este chakra es amarillo y el elemento fuego. También puede verse como "soleado", ya que se vincula con su voluntad, ego, vitalidad y empoderamiento. Los empáticos generalmente sufren problemas de confianza y autoestima; por lo tanto, aquí es donde pueden manifestarse las manifestaciones físicas. Todos los chakras afectan los cuerpos físicos, mentales, emocionales y espirituales de alguna manera, por lo que cualquier interrupción o bloqueo de energía, afectará intrínsecamente a todas las demás áreas del ser.

En cuanto a la confianza y la autoestima específicamente, si está de un humor particularmente bajo y carece de la hermosa confianza que posee, el efecto que esto tiene en su plexo solar afecta activamente su chakra sacro y cardíaco. Si usted sufre de problemas de confianza, entonces no está completamente conectado con el espacio de su corazón y la compasión, la bondad genuina y las cualidades empáticas que encarna. Simultáneamente, no usted no está en armonía con sus propias emociones y experimentará bloqueos, distorsiones y tensión nerviosa allí. Como usted es muy sensible y afectado por el estado de ánimo, las intenciones, las energías y las emociones de los demás, en las relaciones sexuales cualquier interrupción o problema leve, tiene un efecto muy profundo en el resto de los chakras. Los empáticos a menudo pueden asumir cada juicio, proyección, pensamiento, emoción y trauma de su pareja y almacenarlo (inconscientemente) en sus chakras sacros. Esto por supuesto, tiene un efecto intrínseco en el plexo solar, su confianza y autoestima.

Es importante que, como empático, aprenda a protegerse, a mantenerse alineado con su propia verdad interna y sentido de valor, y a mantenerse comprometido con sus sueños y voluntades personales.

Chakra del corazón

Este es su centro cardíaco y se relaciona con la empatía, la bondad, la compasión, la generosidad, el amor, el amor universal incondicional, y también su conexión con la naturaleza y el mundo natural. Los empáticos generalmente tienen un chakra del corazón muy fuerte, lo cual es una bendición ya que es el centro, ¡por lo tanto, afecta a todos los demás chakras!

Sin embargo, en las relaciones íntimas, puede ser difícil encontrar un compañero 'en su onda'. Debido al encanto inicial de las personas narcisistas, a menudo atraerá a aquellos que simplemente no están en su onda y no comparten sus valores. Sin embargo, cuando sea mayor, será más fácil mantenerse centrado y tomar las decisiones correctas con un chakra del corazón tan poderoso. Naturalmente, atraerá a socios que compartan sus cualidades empáticas y compartan una resonancia con su poderosa compasión. El chakra del corazón también tiene fuertes asociaciones con el mundo natural, y los reinos animales. Los empáticos de las plantas, el medio ambiente y los animales, a menudo tienen un chakra del corazón fuerte, al igual que aquellos que exhiben fuertes tipos de personalidad del susurrador de animales, trabajador de caridad, voluntario, trabajador social o de apoyo, cuidador, compañero, sanador, terapeuta o consejero. El flujo de cuidado, compasión y amor incondicional del chakra del corazón, se refleja en todas las áreas de la vida y se extiende a los otros chakras. El color asociado es el verde.

Chakra Garganta

El chakra de la garganta es su centro de comunicación. El color asociado es el azul, y el elemento correspondiente es el aire. Si este chakra se bloquea, experimentará muchos problemas en su capacidad de comunicarse. Como empático que necesita expresión y libertad para ser expresivo, esto puede ser muy perjudicial.
Conectado está su chakra del corazón debajo y el chakra del tercer ojo arriba. Cualquier problema con su sexualidad y capacidad de comunicarse en relaciones íntimas, tendrá un fuerte efecto en su centro cardíaco, su verdadera naturaleza empática y sentido de compasión, y su centro del tercer ojo; su habilidad para percibir energía sutil, conectarte a un poder superior y usar su intuición. La expresión de la emoción y los sentimientos, son primordiales para un empático, por lo tanto, mantener un chakra de garganta sano y abierto, puede ser muy beneficioso en todas las áreas de la vida. Un chakra saludable de la garganta, también es esencial para aquellos que eligen un camino creativo, artístico o musical, o para aquellos que se dedican a actuar, actuar, contar historias de cualquier tipo, dirigir o hablar. Muchos empáticos descubren que las interrupciones y las prevenciones en la vida antes de encontrar su verdadero camino, se deben a un bloque invisible de energía en uno o más de sus chakras.

Tercer Ojo o Chakra de la Ceja

Este es el asiento de la conciencia, su sabiduría superior y centro de visión. Es donde surgen las habilidades psíquicas e intuitivas y cómo puede conectarse con los estados de sueño.

Al desarrollar este chakra, usted puede elegir socios que puedan conocerlo en su frecuencia. Amabilidad, cuidado, compasión, ser sabio, intuitivo y amoroso: Todas estas cualidades coinciden con su naturaleza empática. Si hay un bloqueo de energía en su chakra del tercer ojo, entonces su conocimiento interno se cerrará y probablemente tomará decisiones que no están en armonía con su mejor interés. También es el asiento de la sabiduría, el conocimiento, el poder y los vínculos con su visión y conciencia espiritual. Muchos sanadores espirituales, terapeutas, trabajadores de la energía o empáticos con mentalidad metafísica tienen un fuerte tercer ojo, al igual que aquellos que trabajan con sueños y practican caminos de chamanismo. Los colores correspondientes son morado, índigo y violeta, y el elemento relacionado es éter o espíritu.

Chakra corona

Su chakra de la corona, es el séptimo chakra principal y está ubicado en la parte superior de su cabeza. Es su conexión espiritual y responsable de todas las experiencias místicas, trascendentales y espirituales. Los colores asociados son blanco y dorado, y este chakra se puede sintonizar para mejorar todos los aspectos relacionados con el desarrollo psíquico y espiritual.

Con respecto a la sexualidad y la creatividad, si un empático tiene un chakra de la corona sano y abierto, la energía puede fluir libremente por la columna vertebral hasta la raíz, creando un 'circuito completo'. Las interrupciones en este chakra pueden, en consecuencia, tener un gran efecto en todos los demás chakras. Como la kundalini o serpiente, y la energía sexual fluye de la raíz a la corona, este chakra es responsable de los tipos de experiencias sexuales que atrae en su vida. Si la corona está cerrada, entonces no puede ver desde una conciencia superior, su intuición y percepción, pueden estar nubladas y sus emociones "confusas". Respecto a esto, tomar medidas para trabajar en el flujo libre de energía a través de su chakra de la corona, puede curar su sexualidad en todos los niveles (siempre y cuando el trabajo también se haga en los otros chakras), lo que puede ser algo importante para un empático. También puede conducir a nuevos niveles de pensamientos e ideas imaginativas y artísticas. Un chakra de la corona abierto y saludable, es esencialmente lo que lo lleva a vivir su mejor y superior vida, libre de disfunción psicológica y espiritual.

Los colores y elementos relacionados con los chakras, se pueden conectar y utilizar para mejorar cualquier calidad energética que le falta. Como se exploró en *La Sombra y La Heridad de el Alma*, hay ciertos aspectos de ser empático que naturalmente vienen con el paquete. Mirar hacia los chakras, por lo tanto, puede ser el paso final que usted busca para lograr la integridad y la armonía interior.

Es sólo una vez que haya creado integridad y armonía dentro de sí, que realmente puede ser un regalo para los demás, brillar y reflejar su luz interior al mundo.

Cómo curar tus chakras: un ejercicio corto

Ahora que está familiarizado con sus chakras y con lo que corresponden, puede incorporar este ejercicio en la vida diaria para ayudarlo en su viaje hacia la integridad. Este ejercicio puede usarse para todos sus chakras, y es particularmente efectivo para resolver cualquier problema asociado con ser empático en un nivel más profundo. Esto puede incluir sobre-emocionalismo, sobre-sensibilidad, límites desprotegidos, o recoger y absorber cosas que no son suyas.

- Cree un espacio sagrado y póngase en una posición meditativa. Velas, incienso o un incienso de resina, aceites esenciales y algunos elementos simbólicos como una flor o una piedra preciosa especial (tierra), una concha o cuenco de agua (agua), una vela (fuego) y una lata de plumas (aire) ser usado para mejorar la efectividad de este ejercicio.
- Cierre los ojos y concéntrese en su respiración. Cree un espacio interior y lleva su conciencia al interior. Sincronice su respiración a un ritmo tranquilo y constante, y consiga paz interior, consciente de su entorno.
- Lleve sus manos a su corazón y frótelas suavemente, energizando sus palmas. Ahora reúnalos uno frente al otro frente a su corazón pero sin tocarlos. Ahora imagine una bola de luz brillante creciendo entre sus palmas (el color es el chakra asociado en el que está trabajando). Manténgase enfocado en su respiración mientras observa simultáneamente que esta bola de luz amorosa crece y se expande.
- Establezca su intención de cultivar, desarrollar y aumentar las cualidades que desea sanar e integrar. Por ejemplo, si su luz brillante es verde, puede enfocar su intención en la empatía, la amabilidad y el amor propio. Si es azul, las características podrían ser la calma del ser, la comunicación perfecta y la expresión pacífica.
- Visualice sus cualidades elegidas crecer dentro de la bola de energía en expansión. Realmente siéntalos allí y permítase sentir su presencia.
- Finalmente, una vez que sienta una conexión con las cualidades y el color, acerque lentamente su bola de luz al chakra asociado, y viértala sobre usted. Visualícela yendo hacia usted y llenando su cuerpo energético y su cuerpo físico con estas hermosas cualidades. No se apresure.. Haga una conexión y respire profundamente en este sentimiento.
- Finalice el ejercicio frotándose las manos para cerrar el circuito y apoyando las manos sobre las rodillas en una posición meditativa, entre lentamente en su cuerpo, permitiéndole sentir todas las sensaciones y emociones.

Kundalini y la totalidad: el viaje de finalización

Como ya sabe, su mente, cuerpo y espíritu, están diseñados para trabajar en armonía. Sus pensamientos afectan sus emociones y su salud espiritual, al igual que su bienestar emocional afecta su conciencia espiritual y su salud mental. Para un empático como usted, la vida es una experiencia holística. Esto significa que cuando una parte de usted mismo no funciona, tampoco lo hace otra parte. Ser empático puede ser una experiencia rica y emocionalmente gratificante, pero también puede hacerlo sentir agotado y desconectado del mundo, a pesar de su profunda conexión emocional.

Esto nos lleva a la kundalini y a la integridad interior. Como se compartió en la sección anterior, sus chakras son portales de energía muy reales y profundamente poderosos. Se relacionan con sus sistemas físicos, al igual que se vinculan igualmente con algunos aspectos psicológicos, emocionales y espirituales de uno mismo. Su kundalini, por lo tanto, es el *estado unificado, completo y equilibrado,* el flujo libre de energía desde la raíz hasta la corona. Su kundalini está en un estado de flujo cuando sus chakras están en armonía, equilibrados y energizados. Como empático, esta es la fuente de sus dones espirituales. La intuición, la capacidad creativa y artística avanzada, la imaginación, el genio empático, las percepciones y la apreciación, la conciencia espiritual y un sentido de iluminación, todo viene con tener una kundalini curada y activada. Su compasión única, amabilidad natural y amor incondicional, y la comprensión de los demás, vienen con esto. Por lo tanto, se puede ver que el objetivo final de la empatía es alcanzar su estado vibratorio más alto, psicológica y espiritualmente, con tal de que pueda vivir su mejor vida y cumplir con su propio sentido del propósito del alma, sea lo que sea. El uso de las técnicas, consejos y orientación a lo largo de estos capítulos, puede ayudarlo a hacer esto.

www.ingramcontent.com/pod-product-compliance
Lightning Source LLC
Chambersburg PA
CBHW081335080526
44588CB00017B/2626